大是文化

我一定要跟你聊超過15分鐘

マンガでわかる!
誰とでも15分以上話がとぎれない!話し方

指導超過5萬人
成為談話高手的說話專家

野口敏 ◎著　王榆琮 ◎譯

目錄

第二章 這樣挑話題，你們聊得更開心 63

第三章 問對方感受，他會對你敞開心扉 103

第七章 尷尬場合專用的破冰法 205

推薦序一

會聊天的人，最吃香！

諮商心理師、人際溝通講師／**瑪那熊**

長久以來，我們被告知要注重效率、認真做事，加上傳統教育著重「聚斂思考」——依循科學及理性，分析、歸納資訊，盡快求得標準答案。這種思維模式，在解決工作任務、日常決斷時非常有用，幫我們省下寶貴時間且減少出錯。然而在我的心理師與講師經驗中，卻看見許多人因為這套方法，而在人際關係吃虧。

現今社會，人與人的聯繫更加緊密或疏離，尚未有定論。但不論生活或職場，人與人之間合作的重要性與日俱增，這幾乎是多數人的共識。會做事只是門檻，能將事情做好，就得先學會做人，也就是與他人建立順暢、穩定的關係。擁有好人緣的第一步，並非你說的話多麼有道理，或展現出多麼優秀的聰穎，而是有辦法與對方聊得來。

傳統觀念中，閒聊聽起來很沒意義、只會耽誤工作。然而，它卻是幫助我們與人串起連結的關鍵。閒聊的「閒」並不是指空口說大話、亂掰一通，而是指貼近生活的話題。聊天的核心，其實是由日常經驗中的有趣故事組成，加上適時分享心路歷程，並透過提問與聆聽來製造互動，讓雙方沉浸於輕鬆的對話，增加對彼此的認識與好感。

人生除了工作，還有愛情。若我們想求得好姻緣，與約會對象聊得來，更是脫單的必要條件。畢竟約會不是面試，我們不可能將自己的條件、特質逐一唸給對方，更不能總是尬聊、期待對方莫名其妙被你吸引。甚至在交往後，聊天仍然扮演重要的角色。從依戀理論來看，人們對另一半有著「觸及需求」，期待透過互動更了解枕邊人，進而讓彼此更靠近，這是維繫感情的關鍵之一。

因此，聊天能力其實遠比我們想像得重要許多。然而這門技藝長期被忽略，學校教育也沒有強調。好在，一個人會不會聊天，其實天生影響有限，經由學習、練習，即使目前不擅言詞、總被句點，也能逐漸提升聊天能力，體驗與人連結的醍醐味，並擴展人際資源，在職場、日常與愛情三大領域更順利。

《我一定要跟你聊超過十五分鐘》內容扎實，並夾雜漫畫幫助你輕鬆學習，若你目前對「與人聊天」、「開啟話題」感到苦惱，這本是非常好的入門書，推薦給大家！

（瑪那熊為諮商心理師、個人形象顧問、活動講師。專攻愛情心理、人際溝通、關係經營與社交力學，亦為GQ線上百萬部落客、形象顧問與戀愛教練，具有豐富演講經驗。擅長結合心理學與實戰技巧，多年來透過線上文字與線下實體課程、個別諮詢等方式，已幫助許多人突破互動盲點，克服人際困擾、成功脫離母胎單身。

（目前為眾多婚戀平臺〔約會專家、Date Me Now、春天會館〕之戀愛教練，協助更多人獲得幸福愛情。）

推薦序二

聊天，能贏得人心，也能創造契機

行銷表達技術專家／解世博

我是超業（按：即超級業務員），而我輔導的也都是各行業的超業。許多人見到我，都會問：「銷售業務要做得好，不容易吧？」

其實，銷售沒你想得那麼難，它的本質就是一份經營人的事業，只要你能經營人，就能創造亮眼績效。

問題是經營人，難嗎？說難不難，但說容易也不容易。

不難，是因為，只要能做到真心交流，讓對方覺得你在意他，自然就能了解彼此想法，並建立起人與人之間的信任，當彼此有了信任基礎，銷售就變得容易。難的地方在於，與人連結、具備與人互動的能力看似簡單，但在現今過度依賴社群網路溝通的時代，許多人漸漸失去這個基本能力。

我教人表達技術超過十二年，也常聽到有人問：「我不知道要跟客戶聊什麼才好……。」這不只是某幾位銷售員的問題，連業務團隊主管、訓練部主管都說：「很多銷售夥伴見到客戶，不知道能聊什麼、該聊什麼？更別提跟客戶能持續對話、了解對方，難怪見到人就只好直接介紹產品，銷售成效自然可想而知。」

當我收到《我一定要跟你聊超過十五分鐘》推薦邀請後，第一時間就想推薦給各產業的銷售夥伴。因為與人對話、互動，這些正是銷售人一定要具備的基本能力。正如我在各式銷售訓練場合裡，總是提到：銷售人的關鍵職能，在於引導對方說出心裡話、想法，甚至是了解對方在意的事、以及他的價值觀。

想成為頂尖銷售其實並不難，只要發自真心與人互動交流，就能贏得人心；贏得人心，才能達到有效溝通。當你聽出對方的弦外之音，就能建立共識、出現銷售契機。

這本書很實用，不但將聊天互動的關鍵步驟條列式整理，每個章節都能引發你舉一反三，不論在生活或工作上，都能運用。此外，本書內容相當有趣，擺脫硬邦邦理論說教，透過漫畫圖解，鮮活的各式情境，幫助讀者快速融入其中，輕鬆學得技巧，讓人際互動都能如魚得水。

誠摯的推薦給各產業銷售夥伴，一起聊得來，然後贏人心。

（解世博是超級業務、超業講師、行銷表達技術專家。一線銷售實戰十四年，為臺灣少數同時具備面對面銷售、電話銷售的完整資歷（包含 B To C、B

To B 客戶」。二十歲加入保險銷售，長達十二年中，從陌生開發一路經營到高端客群，被譽為銷售常勝軍，連續三年拿下全國第一名；從小小業務員，發展到業務團隊最高主管。

（擅長業務銷售、發展團隊組織與招募、業務銷售團隊經營與管理。二〇〇五年投入電話行銷通路，擔任電銷人員期間創下單月成交三百七十九位客戶，年度成交超過三千八百位客戶，至今仍為銷售紀錄保持人。）

前言
聊天，就是聊自己和對方的心情

不知道怎麼向人搭話、想不到有趣的話題、才剛聊起來，就陷入尷尬的沉默之中……許多人在跟他人對話時，都怕自己會遇到這些狀況。

但為了構築良好人際關係，與人對話是必備技能。只要我們能去除對交談的不安，用輕鬆愉快的心情跟人聊天，就能度過充實的每一天。

請讀者先回想自己平時如何說話，並參閱下一頁的圖表，檢視一下自己跟人說話時，屬於什麼類型。

圖表右邊，從仔細聆聽對方說話開始，表現出關心對方意見；而左邊則是

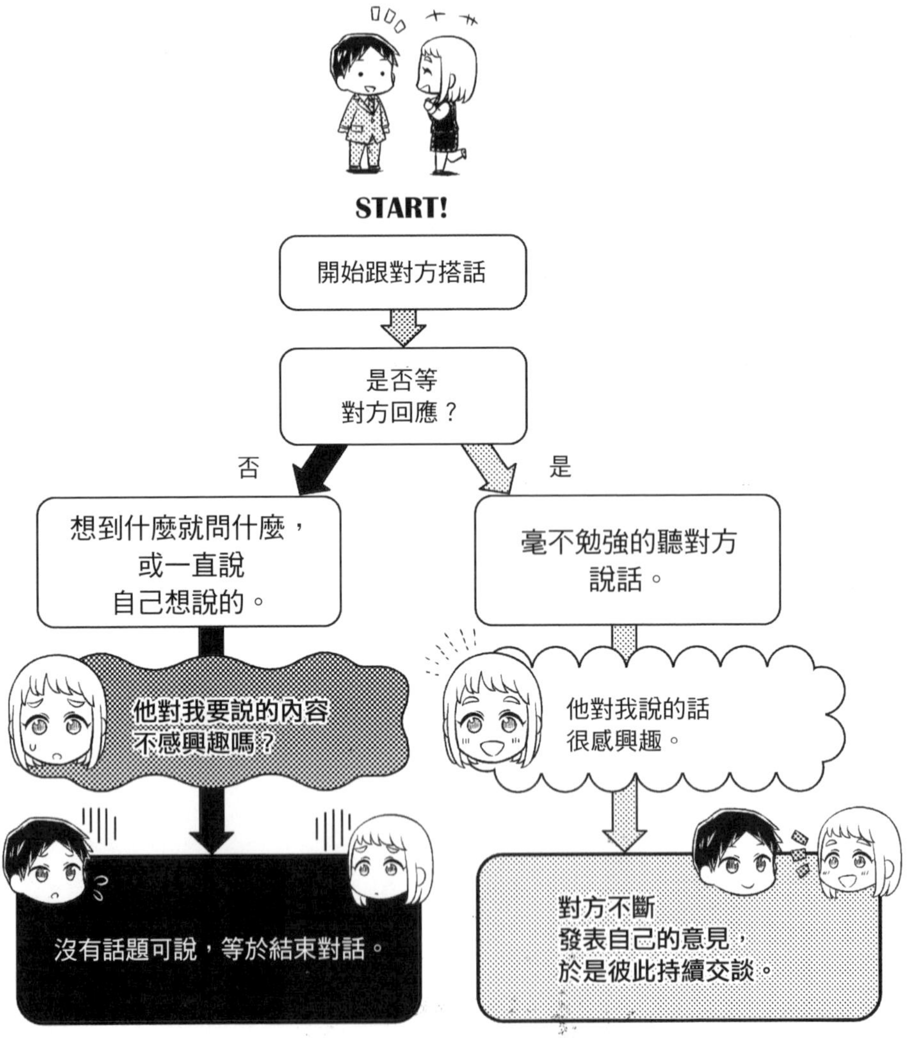
START!
開始跟對方搭話
是否等
對方回應？
否
是
想到什麼就問什麼，
或一直說
自己想說的。
毫不勉強的聽對方
說話。
他對我要說的內容
不感興趣嗎？
他對我說的話
很感興趣。
沒有話題可說，等於結束對話。
對方不斷
發表自己的意見，
於是彼此持續交談。

自己接連的拋出話題，並不斷表達個人想法。

我將在本書中傳授圖表右邊的交談方式。簡單來說，就是教你在聽對方說話時，表現出有興趣的樣子，巧妙且自然的跟對方持續對談。

若你學會本書中提到的方法，不但能在對話中思考對方喜歡聊哪種話題，還能熟練的運用技巧來接話。如此一來，不管你以後遇到什麼人，都能按照自己的步調跟人聊天，讓話題能順利的進行下去。

這個方法的原則很簡單，你只需要做好一件事——好好面對自己和對方的心情。

這種顧及彼此心情的談話方法，我稱為「心情傳接球」，重點是要能在對話中好好傳達彼此的情感。

聽人說話時，你必須留意對方的情緒，同時要理解談話的內容。這是因為，不管是誰都希望有人能察覺自己講話時的真正想法，甚至可以說，每個人都渴求知音。所以，光是發現對方有仔細聆聽自己說話，就倍感窩心，原有的鬱悶心情也一掃而空。

當人們開始滔滔不絕的說出內心想法時，時間便不知不覺的過去了。

除了交談對象外，你在說話時，也要一點、一點的傳達自己的心情。

當你卸下心防後，對方的緊張感和戒心也會跟著瓦解。接下來，不管是什麼話題、內容，相信你們肯定都能聊得很開心。

綜上所述，在十五分鐘內的對談裡，本書傳授的內容大致上會有如下步驟：

- 聽——最初五分鐘，聽對方講。
- 說——慢慢的說出自己的心情、想法。
- 問——向對方提出質問。

其實，跟人聊天很簡單，只要循著自己的心情發言，你就能跟他人愉快的聊十分鐘至三十分鐘，我相信不論是誰都能做到。

我以自己的著作《十五分鐘聊出好交情》（如何出版）為核心，嚴選出更容易幫助大家順利對談的知識。

其中除了前文提到的「聽、說、問」之外，本書也說明構築人際關係、和多數人說話、不知道如何搭話時，可以怎麼回應。這些內容都以漫畫形式深入淺出的解說。相信讀者只要看過一遍內容，就能馬上理解並開始實踐。

現在，我們一起來提升交談能力吧！

登場人物

野田仁美

咖啡廳老闆。原本個性害羞，但由於之前的工作經驗，變得非常喜歡跟人聊天。是個有很多謎團的人。目前單身。

竹本哲史（23 歲）

性格開朗的年輕業務員，但對自己的口才沒自信。對交際應酬很不拿手，因此每天過得戰戰兢兢。也因為這個性格，對公司突然交給自己的難題感到苦惱。

日比谷琉美（26 歲）

在服飾設計公司上班，屬於企劃部一員。成為主管後，不知如何跟下屬溝通而煩惱。跟仁美聊天的時間，是每天難得擁有的休息時刻。

序章

我是句點王，怎麼辦？

怎麼辦……期限只剩一個月。
欸？公司創立50週年慶派對，要由我負責接待？
怎麼這樣……我不可能做好這個工作……
我知道你很為難，但這是新人要負責的工作。
竹本哲史（23歲）新進業務員
あわわ
我…我能在那天請假嗎？
別說傻話！公司規定全體員工都要參加！
但我跑業務時，沒辦法跟客戶聊超過三分鐘。
這個……這個……
就連同事聊天，我很快就不知道該聊什麼了……
欸欸欸
限你一個月內解決這個問題！

總之，你要想辦法
訓練自己能跟別人
聊超過15分鐘！
哈啊…
就算這麼說，
我現在也沒頭緒…
啊…
這間咖啡廳
看起來很不錯。
喀啷…
歡迎光臨。
野田仁美
咖啡廳老闆
我…我要咖啡。
好的！
久等了。
カチャ
ハァ
你看起來
很累呢。
嗯…
是有一點…

是不是很想把煩惱都拋在腦後呢？
可以的話，我也想…
這位小姐應該也有過這種想法吧？
是啊，不過這裡的咖啡很好喝，讓我打起精神了。
聽了真讓人高興！
然後啊…
咦？
啊…不好意思，但我沒想到自己可以跟剛認識的人聊那麼久…
？
我居然能跟人一直對話！
ビクッ
難不成，你有溝通上的困擾嗎？

其實…我在一個月後要擔任公司週年派對的接待員，必須面對客人好好說話。
可是，我沒辦法跟人聊很久。所以覺得很困擾。
要是你不介意，我可以教你聊天。
欸？
想跟人對話，最重要的就是拿捏好訣竅。
再加上，聊天本來就能讓人感到愉快，
同時也能拓展人際關係，是最直接的交際手段！

只要你來店裡，我可以慢慢教你聊天的訣竅。
咦？
難道你是那位新聞主播，野田仁美小姐？
七點 整點新聞
野田仁美
ハッ
啊…是的。
換了髮型，我就沒認出來了。
為什麼你會在這裡？
CAFE
因為我太喜歡跟人聊天了。
為了能跟各種人聊天，所以，我才會開這間店。
每次我看到有人有聊天方面的煩惱，
就想幫助他們…

對不起，我真的太多管閒事了。
沒這回事！我才要請你多多關照！敝姓竹本！
ばっ
我叫日比谷！也請你教我聊天！
日比谷琉美（26歲）
服飾設計公司企劃部
但你看來沒有這方面的煩惱…
其實，
公司上層在這個月任命我為小組主管。
雖然我想跟組員對話，但一直無法好好溝通。
別擔心！大家一起跟我學習，好好的讓自己進步吧！
就這樣，
我們開始跟仁美小姐學習聊天的方法了。

第一章

很能聊的人，都在乎這些細節

CAFE
第一次說話課程
竹本先生，你現在是不是很緊張呢？
是、是的！
一想到上課要想辦法說話，就變得很緊張⋯⋯
請放心，今天不是教你主動搭話。
太好了～
那麼，今天要教什麼呢？

那就是，
好好當一個「聆聽者」！
想像「對方的心情」
適時點頭應對
說出他的心情
等待對話的重點出現
適合回應他人的慣用句
所謂的對話，無法靠一人獨立完成。
沒錯。
要是對方不說話，就無法進行交談了。
如果你覺得自己不擅長主動說話，可以先仔細聆聽，這樣能讓接下來的對話變得更簡單。
我們來學習怎麼聽，能讓對方更容易開口說話吧！
好！

能聊的第一步：做到這些細節

想提升交談能力，最快的捷徑就是訓練聆聽能力。所以在這個章節裡，我會告訴讀者聽的訣竅。

所謂的對話，就是前文提到的心情傳接球——透過言語向對方表達心情。

或許你認為「聽」很簡單，不管是誰都能輕易做到，不過要做到「開心的聽別人說」，還是要經過一些訓練。

聆聽，是個能接收、了解對方情緒的機會。

因此請你一定要在對方面前，展現出「我很想多了解你」的樣子。

雖然本書所教的方法全是小細節，但有做到跟沒做好之間的差距，卻是非常大。若是沒有遵守好那些重點，你可能會因此誤判對方的反應。

當你有辦法拿捏好聆聽的重點時，對方必然會持續對你投出漂亮的好球，讓你容易接話。

我一定要跟你聊超過十五分鐘

- 不要只聽「表面話」，要聽「話裡話」。
- 太專心聽，讓人以為你不想聽。
- 有共鳴，才能聊。共鳴怎麼來？
- 聲音、表情、動作，都是讓你接話的提示。
- 詞彙多，別人就不覺得你在敷衍。

1：不要只聽「表面話」，要聽「話裡話」

先喝杯咖啡，緩和一下情緒吧。
謝謝你。
前陣子我跟同事聊天，但結果卻不怎麼好…
哎呀，那麼你們聊了什麼呢？
那時候…
我跟你說喔！我上次有去鎌倉一間號稱早餐是世界第一好吃的鬆餅店喔！
這樣啊—
那是靠近表參道的名店對吧？
是啊。
那間店的客人一定很多吧？
呃…是這樣沒錯…

我明明有好好的回應對方…
……
原來如此…
看來竹本先生把問話的焦點集中在店家本身。
對方心裡真正想說的
有名人！
≠
你所聽到的
PANCAKE
雖然是你的同事先發起這個話題，
但對方說不定只是想跟你說別的事情！
欸？是這樣嗎？
是啊，其實呢…

每個人
主動搭話時，
都渴望
「自己的心情可以被對方理解」。

「聆聽」
=
「顧及對方心情的能力」
我要收下來囉！
只要這麼想，就容易理解對方的想法了。

這樣啊…
所以聊天時，不要一直問，
而是要留意對方想要說什麼！
啪
說得沒錯！

今天的課程

對話的基礎在於，聽出對方的心情。

重點不是他「說什麼」，而是他「想說什麼」

很多人都有這個煩惱：當某人突然靠過來攀談時，我們的腦中只能拚命的想該怎麼回應，而沒有注意他真正想表達的。

於是你好不容易想好要怎麼回應，結果對方卻顯得有些冷淡，使得你們無法繼續對談。在這種窘境下，我們該如何繼續對話呢？

其實，對方的反應不是很積極時，就表示他無法說出想說的話，又或是想說的話被你給中斷，最後就變得不怎麼想回你。

這時，請先觀察對方的反應，看看對方想說些什麼、想分享什麼。你要將注意集中在這個步驟上，千萬不要弄錯對方的反應。

基本上，每個人都希望談話對象能察覺到自己的心情。

你是否曾被人說過：「跟你談話很愉快，謝謝」呢？

大多數人會透過語言來表達想法，試著讓他人知道自己的心情。只要對方察覺自己想傳達的事，那麼說話者會感到十分開心。

光是聽人說話，就有這種不可思議的力量。

舉例來說，假如現在有人跟你說：「我好想辭掉工作。」

每個人主動搭話時，都渴望「自己的心情可以被對方理解」。

先別急著問對方：「工作上發什麼事嗎？」、「辭掉工作後，你又要靠什麼生活？」而是注意對方的心情，看他真正想說的是什麼，如：

「你討厭這份工作，以至於想要辭職對吧？」

「這份工作讓你覺得很辛苦吧。」

這麼一來，對方會因為你的理解而感到高興，想跟你繼續聊下去。人只要覺得開心，便會不自覺的說出內心話，甚至開

這樣啊…所以聊天時，不要一直問，
而是要留意對方想要說什麼！
ポン
說得沒錯！

始聊起私密的事。

總之，說話時的首要重點，是別顧著說自己想說的，如此才能贏得對方的好感和信賴。

每個人都想要一個知心的談話對象。

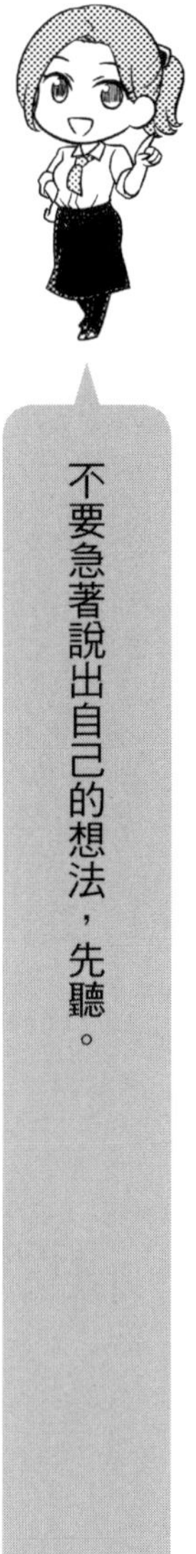
不要急著說出自己的想法，先聽。

2：太專心聽，讓人以為你不想聽

竹本先生？你想事情嗎？
ハッ
ひらひら
欸？沒有啊。我只是很認真聽你說話。
雖然我能理解，不過光是如此，無法傳達你的想法。
ガーン
怎麼會這樣？
這是因為，
開口說話的人最期待的，
是聆聽者的反應。
enjoy?!
發言者
yeah!
聆聽者

如果聽者沒有反應⋯
他不感興趣嗎？
不安
覺得很無聊嗎？
像這樣，發言者會覺得自己的話被否定。
我有在聽喔
原來如此，讓對方知道「我有聽你說」也是很重要呢。
若你能在聆聽中，確實做出回應，
他正在聽我說話
安心
對方更容易侃侃而談。
也就是說，除了仔細聽對方說，身體也要確實做出「我在聆聽」的反應囉！
正確答案！

今天的課程

藉肢體動作，確實表現出「我正在聆聽」。

聽人說話時，要點頭附和

人們在說話時，都希望對方有所反應。

當聽者沒有做出任何動作時，發言者很有可能會解讀成「你對我說的內容不感興趣」，甚至可能產生「你覺得我說的都是錯的」等負面想法。

所以，不管別人對你說什麼，如果你毫無反應，即使你有聽他說話，彼此還是會很快結束對談。

不管別人說什麼，都毫無反應。

現在請思考一下，你會不會在聊天時做出明顯的反應呢？例如聽人說話時，你是否會點頭附和，明確的告訴對方，自己有聽他說話。

真正擅長聆聽的人，除了會跟著話題點頭示意之外，還會觀察對方說話時的情緒變化，再決定點頭頻率是快是慢。

只要能做到這種程度，便能讓對方覺得你十分關切的話題內容。

聆聽，不只是用耳朵接收，還要用肢體來表達。

如果你覺得自己難以跟他人長時間談話，其中一個原因，很可能是你聆聽時的反應出問題，而非你對話題不感興趣。

發言者對聆聽者的反應很敏感。

3：有共鳴，才能聊。共鳴怎麼來？

我昨天想早點回去，但晚上12點才到家。
發生什麼事了？
啊，你已經很習慣聽人說話呢。
託你的福。
那麼，接下來進入下一步。
首先，我要問有關「變得更擅長聆聽」的問題。
剛才竹本先生提出的問題，能讓話題有了進展，
那麼，你覺得我打算怎麼回答呢？
這個嘛…
發生什麼事了？
①沒有回家的理由。②因為沒有即時完成工作而晚回家。哪個才對呢？
啊，對喔…！發言者希望聽者能理解自己！

沒錯！發言者希望，話題能產生共鳴。
嘗試在話題上取得共鳴的例子
昨天我陪課長應酬到晚上 10 點。
有工作交代給你嗎？
你直接拒絕就好了呀。
哇，這可真折磨人。
你一定很累吧？
如果知道更具體的事時
課長很愛要求別人。
等
當你掌握到對方話中的「正面和負面情緒」時，
就能有好的反應！
例如接收正面情緒時，
好久沒有收到別人送的花了
你收到誰送的花啊？
真好！
質問
在正面情緒上取得共鳴。
原來只回這樣也可以！
打開對方心扉的關鍵，就是說出有共鳴的話！
共感

今天的課程

在質問對方前，彼此要先產生共鳴。

發出感嘆聲，好的壞的都行

不擅長表達心情的人，通常感受他人情緒的能力也較為遲鈍。

如果你是這類型的人，我建議你先觀察對方情緒屬於正面或負面。

當對方表現出正面情感時，你就給予正向回饋，像是：「好好喔，真羨慕……」。相反的，假如對方心情不好，你也要適度的給予負面反應。例如，當同事會跟你聊到「假

當你掌握到對方話中的「正面和負面的情緒」時，
就能有好的反應！

重點是，回話要貼近對方的心情！

日必須補班」。這時你該表現出負面反應，如「對啊……真麻煩。」就算是「唉……」的發出感嘆聲也可以，重點是，要讓對方能確實接收到你的情感。

跟人談話時，不只有言語方面的溝通，根據話題內容不同，你也要表達自己的想法。

當你在談話中，傳達自己的心情時，對方才能了解你，進而打開自己的心房。說不定對方還會因此打從心底認同你，甚至將心中的祕密說出來。

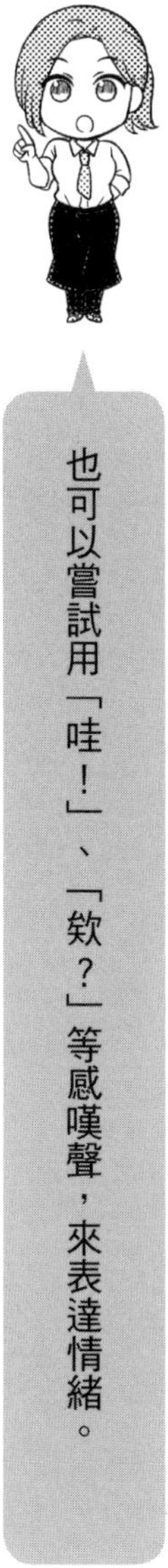
也可以嘗試用「哇！」、「欸？」等感嘆聲，來表達情緒。

4：聲音、表情、動作，都是讓你接話的提示

仁美小姐，
你覺得賞花話題會很無聊嗎？
盯——
我覺得聊這個話題很開心啊。
我就知道…
怎麼了？
我雖然有機會跟上司聊天…
我今年賞花五次喔。
賞花是很棒的活動呢！應該有很多人去賞花吧？
呃…是滿多人啦…
咦…？
結果在那之後，我們一直都聊不起來…

我果然沒辦法提升自己的說話能力…
等一下！
我覺得你應該是沒抓到對話重點。
重點？
每個人在說話時，
話中都有希望他人能理解的重點。
你回憶一下，上司在說話時，是不是強調什麼？
……
啊！
賞花五次喔。
他強調賞花的次數！

要是錯過重點，會降低發言者聊天的意願…就像這樣。
很可惜…
搔不到癢處，只是一直撓抓錯誤的地方
是不是這裡？
嗯～不是那裡…也不是這裡…
難怪讓人提不起勁啊。
聆聽時，不只要留意話中的資訊，還要將焦點放在發言者的感受。如此一來，就能輕易抓到話題重點。
A
B
C
很開心
什麼事讓他那麼開心呢？
一邊聽一邊注意…有點難耶？
其實，對方想強調的話語，表情跟肢體動作就是提示了。
面對發言者時，觀察以下重點：

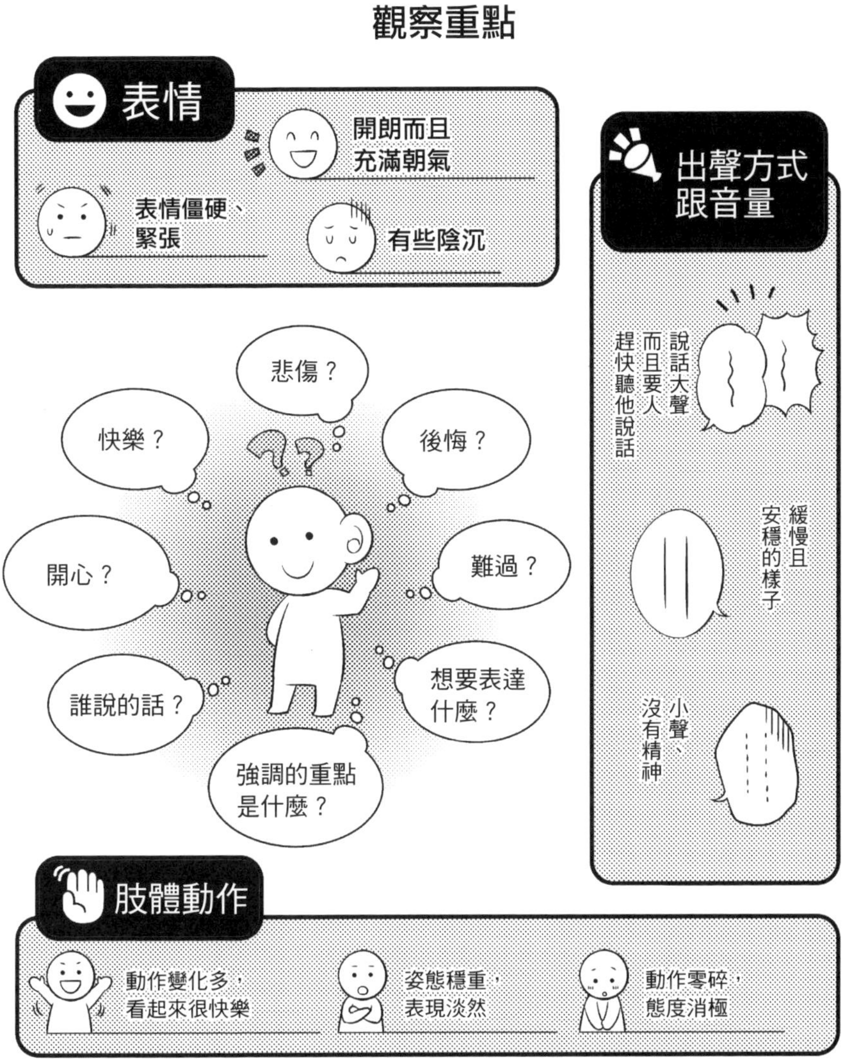

今天的課程

看到或聽出發言者強調的地方，要表現出對此有所共鳴。

注意對方的手勢，他會說更多

如果你能理解對方說話時，手勢所代表的意義，不但可以很快的和對方取得共識，還能刺激對方繼續說話，讓彼此能更積極的交談。

很多時候，發言者想跟聽者產生共鳴，然而聽者卻錯過對方想表達的重點。

所以當你開始聆聽時，要仔細的觀察發言者的音調、表現，以及表情等，例如：

當對方做出某種手勢時，你一定要表現出取得共識的模樣。

- 根據對方的語調強弱，判斷話題的重點在哪裡。
- 注意他的表情、肢體動作哪裡不一樣。

當你可以從這兩點看出對方想表達的意思時，等於掌握了對方希望你理解的重點。

別擔心自己無法理解對方的想法，只要利用上述提到的訣竅，慢慢累積經驗，就能逐漸學會察言觀色。總之要記得，平時不要只是單純聽人說，還要在對方的表現中，察覺對方的情緒變化。

當你習慣後，便能隨時注意對方的表情、發聲的方式、音調等，並找出對方想表達的重點。

提升說話力一

詞彙多，別人就不覺得你在敷衍

想在談話中跟對方取得共識，最常用到的詞就是「真辛苦呢」。我們通常會在交談對象碰上麻煩、挫折時，跟對方說這句話。可是，若我們在所有話題都不斷的回「真辛苦」時，會讓對方認為你不想理解他的想法。

想提升說話能力，我們得尋找更多詞語。例如，聽到有人說：「今天要加班」時，你可以回答：「這還真是折騰人啊。」有人說：「我家有四個孩子。」你不能直接說：「還真吵！」而是說：「感覺很熱鬧呢！」

另外，跟「真辛苦」相似、很常用來回話的正向話語，是「真是太好了」。不過如果太頻繁使用這句話，也會讓發言者越來越不想聊下去，所以你需要找其他詞語來替換。

若有人對你說：「我三十七歲才交到女朋友，而且她還是個很溫柔的女生。」這時與其說：「真是太好了！」不如進一步設想對方的心情，你會發現，對方打從心底希望你能祝福他：「真是幸福呀。」

用豐富詞彙展現出自己也有共鳴的樣子，絕對能讓發言者感到開心。我建議讀者平常可以多留意他人的反應，參考並吸收，如此一來，你會更清楚可以怎麼回覆別人。

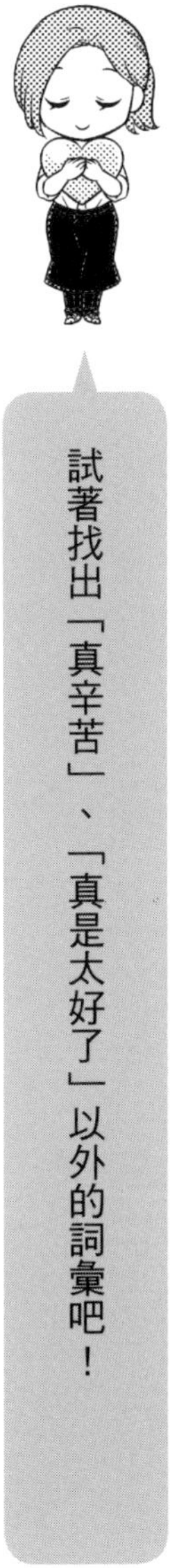
試著找出「真辛苦」、「真是太好了」以外的詞彙吧！

第二章

這樣挑話題，
你們聊得更開心

今天也請多指教！
好的！
請問你公司週年派對預定接待哪些客人呢？
曾關照我們的其他公司主管、同事的家人、退休前輩跟年紀很大的董事長…
糟糕了！
你現在必須馬上準備有關各種男女老少的話題跟知識！
高爾夫、電玩……
欸——！
ガ
騙你的！
我們不用做到這種程度。
仁美小姐真是的～
唉呦——
而且要是你沒話可說，對話會結束。
下一個…
還有嗎？

你可以找出對方感興趣的事，這樣自己在接話時會輕鬆許多。順帶一提，選擇話題也是有訣竅的！
話題
若找出能打動彼此內心的話題時，情況又如何呢？
持續對談的可能性也會提高！
話題
沒錯！
接下來，我們進入提升說話能力的課程吧！
好的！
1st step

能觸動心情的，都是好話題

接下來，我們要開始解說，要如何選擇話題，讓聊天氣氛變得更加活躍。你不用想得太複雜，因為本書所傳授提升說話能力的方法，就是透過思考自己和對方的心情，敞開內心來交流。讓你不管說什麼話，每個人都能從話中感受出你的想法。

例如道謝，要是你只有口頭上說謝謝，沒有傳遞出感恩心情，聽的人也不會感到高興；相反的，就算沒有明確說出感謝，只要能傳達出感激的想法，即使只有一個眼神或動作，雙方仍有很愉快的互動。

而這也是本書再三強調，所謂的對話，就是好好的傳遞心情。

當你在進行對話時，請一定要將快樂、悲傷、煩躁、難過等，情緒作為核心。這麼一來，對方一定能在跟你談話的過程中，有很棒的體驗。

我一定要跟你聊超過十五分鐘

- 用你的祕密換他的祕密。
- 沒話題？那就說說今天發生的小事。
- 說句「好無聊」，就能開始聊。
- 除了描述事實，再說一點你會做的事。
- 誰都可以參與的話題——天氣。
- 撩妹高手最愛用這招。
- 說說抱怨，但不能一直抱怨。

5：用你的祕密換他的祕密

可是，要怎麼找出這種好話題呢？
パカッ
其實，這個問題的關鍵字，是「稍微透露自己的事情」。
跟任何人說話時，想讓對方理解自己的感受不妨說一些自己的糗事和當時的心情。
可是，我沒有充滿戲劇性的體驗……
其實，話題不必局限在情緒反應激烈的事上。
什麼意思？

像這樣，能表現出你的感受的事就夠了。
尷尬
車門剛好在自己的面前關閉，我還很尷尬的跟車裡的人眼神交會…
你的房間坪數有多大？
呃…應該有四坪吧？
其實不到三坪…
裝糊塗
準備到櫃檯結帳時，看到帥哥就很自然的走過去結帳。
膚淺的一面
如果是這樣的話，我也能跟人家分享了
呼…
其實我欠人很多錢…
滿滿的負能量
嘩啦—
一哇
但別說出讓人感到情緒落差極大的事件。
因為會嚇到人。

可以表現感受的話題，不只能輕易讓聽者接受，
嗯嗯
而且還隱藏著幫你獲得對方善意的魔力！
想試這個方法的話，我建議先找容易搭話的人開始練習。
好的。
當你能不斷的跟他人傳遞心情，
便能自然的跟別人說話，也會開始喜歡跟人聊天！

今天的課程

試著稍微敞開自己的內心吧！

回想自己糊塗、尷尬的場面，說出來

本書所著重的心情，就是指不同性格在面對事情時，會出現的表現。

例如：

在自動販賣機買飲料時，因機器多找零錢，而感到小確幸；想省錢買某樣東西，所以寧願多餓一段時間，等超市開始在便當貼上特價標籤……這些事情不但是每個人都能毫無顧忌的聽，而且還會展現出發言者各種真實反應，因此

隱藏吸引他人、讓別人對你產生好感的潛力。

當然，若是帶有負能量、心靈創傷的話題，由於會讓人感到激烈的情緒起伏，所以，千萬不要馬上跟剛認識或關係沒那麼親密的人分享。

只要展現你最自然的一面，就能讓別人對你產生好感。

不要只顧著陳述事實，你也要透露出一些自己的感受。

6：沒話題？那就説説今天發生的小事

某次我搭電車，快停靠下一站時，坐在我面前的人把書收進包包裡。
正當我慶幸自己有位置坐時，那人卻打起瞌睡。
下一站是〇〇—
ZZZ
所以我在心裡抱怨：「別做出這種讓人誤會的舉動嘛」。
我也很懂這種感受！
就是說啊！
而且他為了方便，還把腳伸出來，有夠厚臉皮！
…
ZZZ
你做得很好！你確實把話題說出來囉！
啊！
其實，越單純的反應，越能讓聽者感到共鳴。
對、對

你可以試著好好面對自己內心感受。
這樣的話，我每天都有好多事可以說。
發生的事情
心情雀躍
開心
害羞
寂寞
生氣
如此一來，說話時就能好好表達心情！
吁
抓到了
心情
嗯…
例如自動販賣機多找10元…？
真幸運
開心

今天的課程

身邊發生的事都能當話題。

從「這個星期發生過的事」找話題

先回想一下，你在這週有沒有遇到讓人生氣、不甘心的事呢？

沒辦法誠懇待人、害羞、經常放空、覺得很寂寞、感到很快樂……不管是什麼事情，在平復心情之後，這些都能作為茶餘飯後的話題。例如，期待去美味的餐廳用餐、完成工作後產生的成就感、搭車回家卻沒有位置可以坐的失望感等。

在這週，你有遇到什麼事可以當話題嗎？
呃，我想想…
1 week
う～ん…

老覺得自己身邊沒什麼事情好聊。

不管是誰，只要能好好回憶，肯定能發現，自己在一天內有過幾次情緒變化。而這些情緒起伏，能都作為展開話題的契機。

想想最近自己身邊發生了什麼事，你也能為自己製造話題。

回憶起內心動搖的那一瞬間吧。

7：說句「好無聊」，就能開始聊

我大致上已經了解如何找話題了！
可是最近身邊沒發生什麼事能拿來當話題……
哈啊……
哎呀！是這樣子嗎？
NOTE
是啊。早上起床上班到回家休息……
整天下來，都沒有什麼特別的。

沒關係！就算不是有趣的事情也無妨。
其實一天之中，有各種事情能當作聊天話題。
咦？哪裡可以找到呢？
例如…
早上起床時。
60分
45分
據說從起床到出門為止，女性平均花費60分鐘，而男性則是花45分鐘。
順帶一提，我以前當新聞主播時，
起床到出門上班，只用10分鐘。
欸欸!?
為什麼這麼短？

因為我不喜歡人擠人的電車，所以提早出門。
到公司後，才在更衣室梳妝打扮。
原來！
我早上一定會看新聞，還有最喜歡的動物特輯。所以每天早上都會花30分鐘看電視。
今日の にゃんこ
帶狗散步
跟早起一樣，在相同時間裡，每個人都有不同的安排。
睡到快遲到才準備出門
照顧寵物
洗澡
吃飯
洗衣
吃飯
化妝
同樣是60分鐘，每個人打算做的事情都不同，這種差異很有趣。
就算是什麼事都沒做的假日，也能讓人聊超過10分鐘！
沒做任何事也行嗎？
10 min
你放假時都在幹嘛？
一直待在家裡，什麼事都不做。
與其像這樣直接結束對話，不如透過具體描述，讓經過變更生動。

今天的課程

「早起」和「什麼事都沒做」的時間，可以當話題。

用無聊的小事開啟一日對話

每個人的生活方式都不一樣，像是一齣齣不同的戲劇。

有些事情對你來說，或許很稀鬆平常，但對其他人而言，有可能會是稀奇的故事，這種不同的生活體驗，就是話題的開端。

例如討論如何度過早上，你會聽到大家的答案：有人過的很悠哉，有人一早便安排很多事情並迅速展開行動。這

些行動上的差異，能引起眾人的注意和興趣：「吃飯、上廁所全在十分鐘內完成嗎？」、「咦？那兩小時你都在做什麼？」、「其他人也是這樣嗎？」諸如此類的感想，能讓話題不斷延續下去。

出乎意料的事才有趣。

若你想好好的跟人交談，不妨先敞開內心，稍微提出自己的事情，這麼一來，對方也很有可能對你敞開內心，分享屬於自己的獨特體驗。

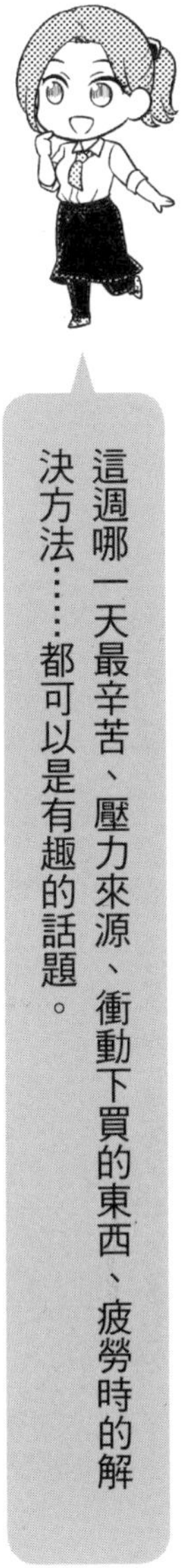
這週哪一天最辛苦、壓力來源、衝動下買的東西、疲勞時的解決方法……都可以是有趣的話題。

8：除了描述事實，再說一點你會做的事

嗚哇～
我搞砸了啦～
發生什麼事了？
我到底該怎麼辦才好？
上次聚餐時，我說去旅行的心得。
我有去國外玩喔！
得意
欸!?
哦……
但根本無法炒熱氣氛，我完全不知道該說什麼才好…
啊啊啊啊啊
光想就覺得沒面子…。
原來是這樣啊…

竹本先生，會不會是……
我去過○○。
然後去了△
像這樣，你只陳述事實呢？
對啊……
嗯——
想炒熱聊天氣氛，
最重要的就是說話要讓每個人都頗有感觸。
尤其世上有各種不同性格的人。
急驚風
慢郎中
愛操心
粗枝大葉
舉例來說，個性急躁的人要去赴約時，你覺得他會怎麼做？
公車站
15分前
我想，他會在15分鐘前抵達赴約地點……
性格急躁的人

沒錯！
不管說話、提問，事情會依性格差異，而有不同發展…
因為不想要遲到而急著出門，結果忘帶東西。
太過杞人憂天，所以行李塞滿各種東西。
也就是說，當人注意到他人某些不經意的行為，會對對方感興趣。
我怕遲到，所以會提前 30 分鐘到達約定地點。
但那麼早到，能做什麼呢？
我會利用這段時間，在附近散步或買一些看起來很好吃的零食。
原來如此…
因每個人個性不同，所以對事情的看法也會不一樣。
因此，我們容易對某些話題提出問題，進而拓展對話

今天的課程

只是陳述事實，無法炒熱氣氛。

「在這種時候，我會這麼做……」馬上不冷場

對談中，試著一邊討論一邊想「自己跟對方屬於什麼樣的人」，是非常重要的。因此，你說話時，要有意識的表達出「在這種時候，自己會選擇怎麼做」。

舉例來說，你跟朋友聊到旅行時，你要思考「在旅行時，我做了什麼」。接著，嘗試將話題從旅行慢慢轉移到其他事情上，例如，你可以說：「因為太期待旅

哦……
欸!?
啊啊啊啊啊啊
但根本無法炒熱氣氛，我完全不知道該說什麼才好……
光想就覺得沒面子……。

行，我已經失眠一星期了。」這時，對方可能會反問：「興奮成這樣嗎？」或說：「我也是開心到失眠，結果旅行當天一直打瞌睡。」等。

如果場面冷下來，就試著說自己的體驗。

像這樣，引起對方關注進而展開新話題，便能讓雙方可以持續對話，且了解彼此。

請務必帶有「在這種時候，自己會這麼做」的想法，來跟對方討論話題。雙方一起設想自己的狀況，再互相分享結果，肯定很有趣。

利用這個方法，很容易理解對方性格。

9：誰都可以參與的話題——天氣

今天我要教你一種能炒熱對話氣氛的方法。
哇！是什麼？
嗯
嗯
那就是…
weather!
聊天氣！
啊！你那是什麼表情？
啊…
哼
其實，天氣是一種能表現出個性的愉快話題！

想跟人搭話時，我建議以「碰到雨天，你是什麼樣的人」為主題。
降雨率多少%，你才會帶傘出門呢？
嗯⋯大約50%吧。
我在降雨機率達30%時，會帶摺疊傘。
我有個朋友即使是晴天，仍帶折疊傘。
0%
如果降雨積率40%，會多帶一把長傘。
40%
咦？為什麼要帶兩把傘呢？

據本人說法，是因為長的那把傘可能會被偷走。
便利商店
感覺是個很容易操心的人呢。
順便告訴你，面對不同天氣，可以怎麼開啟話題。
好！
其他場合發問的例子大致是這樣：
忘記帶傘時，雨下到哪種程度才會想借傘？
如果你的傘不小心在電車上遺失，傘的價值要多高，你才會去失物招領處詢問、找回？
你能接受身體淋雨淋到哪程度？
在梅雨季放晴的日子裡，你會怎麼度過？
放晴的候會出門嗎？還是待在家中做自己的事？

今天的課程

當你以天氣為話題時，可以提到一些自己會出現的舉動。

下雨機率多高，你才會帶傘出門？

天氣是每個人都能輕鬆聊的主題。因此，當我們想跟人搭話時，可以把天氣當話題，如：「下雨天時，你會……」等。此外，我們還可以根據對方的回答，來看出他的性格。

例如，「下雨機率多高，你才會帶傘出門？」這種可以讓雙方互相表現出性格的主題，不但能延伸出其他意想不到的話題，而且還能製造出更

據本人說法，是因為長的那把傘可能會被偷走。
便利商店
感覺是個很容易操心的人呢。

容易聊天的氛圍。

一般來說，人們都會在降雨率三○%至四○%時帶傘出門。但有一部分的人只要出門時沒下大雨，就絕不會帶傘出門。或許是因為他們覺得撐傘很麻煩，寧願淋著雨走路。當你看到有人淋著雨走路時，不妨在心中對著那個人說：「原來你是怕麻煩的人。」

而這個想法就能成為你在日後跟人聊天的話題了。

稍微爆料自己的事，可以讓對方覺得你是個有趣的人。

天氣當話題，看出每個人行動方式。

提升說話力二

撩妹高手最愛用這招

有很多男性不知道該如何跟女性搭話。

我通常會告訴有這個困擾的人：「只要巧妙的介紹自己為何沒有人氣，你就能變得很有人氣了。」

我認為，所謂的弱點和缺點，也可以讓一個人更有特色。如果拚命隱藏它們，反而會讓你的個性變得不起眼。

只要你把自己的缺點說成有趣的故事，對方不但不在意，反而覺得你很親近，並開心的跟你聊天。

聽到我這麼說，有的人仍哭喪著臉說：「我沒有自信能說得有趣，讓大家喜歡我。」其實，你這時候只需要說一點自己的私密小事就夠了。

例如：「我打簡訊時，常常在快打完時，按到刪除鍵，結果打好的內容就這樣被我刪掉了……。」、「雖然我已經成年了，但我還是很怕鬼。」、「光是想工作上的事情，我的肚子就開始隱隱作痛。」

像這樣，你只要說一些糗事、弱點就可以了。只要我們願意說出自己的缺點，不但讓人覺得你沒有距離感，能更容易跟別人交流之外，心境上方面，你也能獲得無比的自由。

坦然面對自己的弱點和缺點。

提升說話力三

說說抱怨，但不能一直抱怨

其實說話能力跟掌控情緒的能力有密切關聯。

若你是個說話不透露自己心情跟想法的人，那麼，他人便無法了解你。

假如你莫名其妙被公司前輩教訓。雖然當場忍下這口氣，但內心又會有什麼感受呢？

對於毫無理由的傷害，任誰都不想忍氣吞聲。

如果你無法忍受這股憤怒，那就不要忍耐。老實的釋放自己的情緒。你可以找親友訴苦：「今天被討人厭的前輩教訓一頓，我現在覺得超級火大。」

只要不會延伸成暴力、惡言相向、陷害對方的復仇表現，你都該好好的感受、抒發情緒，千萬別過度壓抑怒氣。

不只憤怒，連悲傷、嫉妒、優越心……從內心中湧出的各種心情，都是屬於你自己的一部分，如果老是壓抑情緒而累積壓力，你和他人之間的相處就會耗費過多的能量。因此，每天要盡量抒發內心情緒。

多抒發情緒，可以減輕壓力。

第三章

問對方感受，
他會對你敞開心扉

午安～
日比谷琉美（26 歲）
服飾設計公司企劃部
你看起來好像很累。
哈啊……
要怎麼做……
才能打開一個人的心房呢？
這的確是主管得處理好的工作…
對啊…。

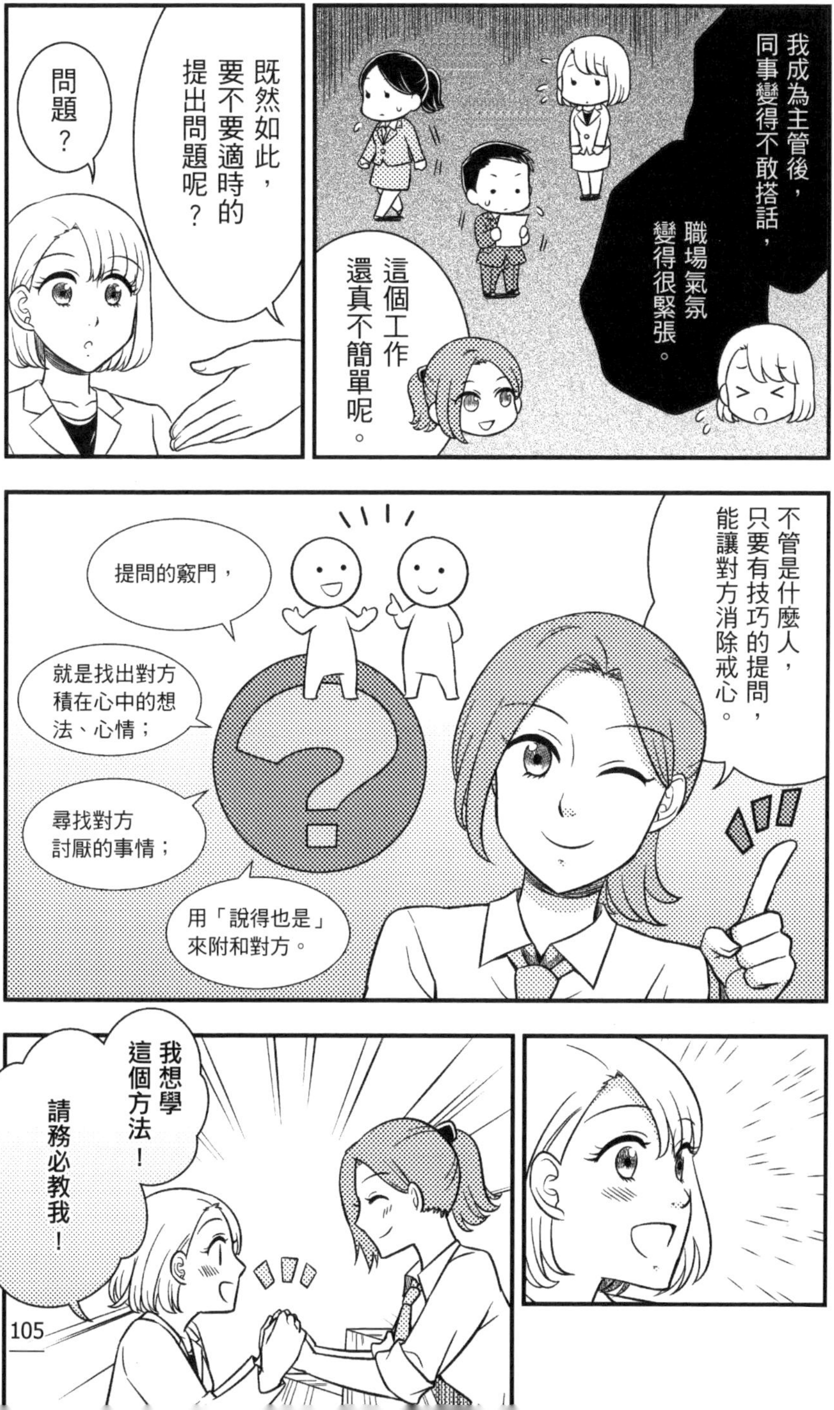
我成為主管後，同事變得不敢搭話，
職場氣氛變得很緊張。
這個工作還真不簡單呢。
既然如此，要不要適時的提出問題呢？
問題？
不管是什麼人，只要有技巧的提問，能讓對方消除戒心。
提問的竅門，
就是找出對方積在心中的想法、心情；
尋找對方討厭的事情；
用「說得也是」來附和對方。
我想學這個方法！
請務必教我！

問他的感受，他會自動對你講很多

如果你漸漸能和對方聊起來，接下來你可以積極提出問題，讓對話變得更加熱絡。

在提問時，最常見的情形就是問訊息。要注意的是，如果持續單調的一問一答，反而會讓人不想聊天，導致對談提早結束。所以在這個階段中，我建議你可以這麼做：「不把重點放在訊息，而是了解對方的感受」。

舉例來說，當對方說出：「我的興趣是攝影」時，你要把攝影當作重點，深入了解對方。你可以這樣說：「攝影的世界很深奧呢！」、「原來你懂攝影方面的技術啊！」、「拍到一瞬間的美妙畫面，確實很讓人感動。」要是發現對方對你說的話有所反應，就表示你一定能跟對方聊得盡興，甚至聊到忘我。

不管對方是開心、悲傷、或是正在氣頭上，你都能透過了解他的感受，來建立對話。畢竟，大部分的人都有想跟他人分享的內心話。

我一定要跟你聊超過十五分鐘

- 問錯問題，對話會瞬間終止。
- 讓對方願意說不停的技巧。
- 最容易引起回應的超強問句。
- 用「對不對？」替他增加回應選項。
- 面對陌生話題，該怎麼說下去。

10：問錯問題，對話會瞬間終止

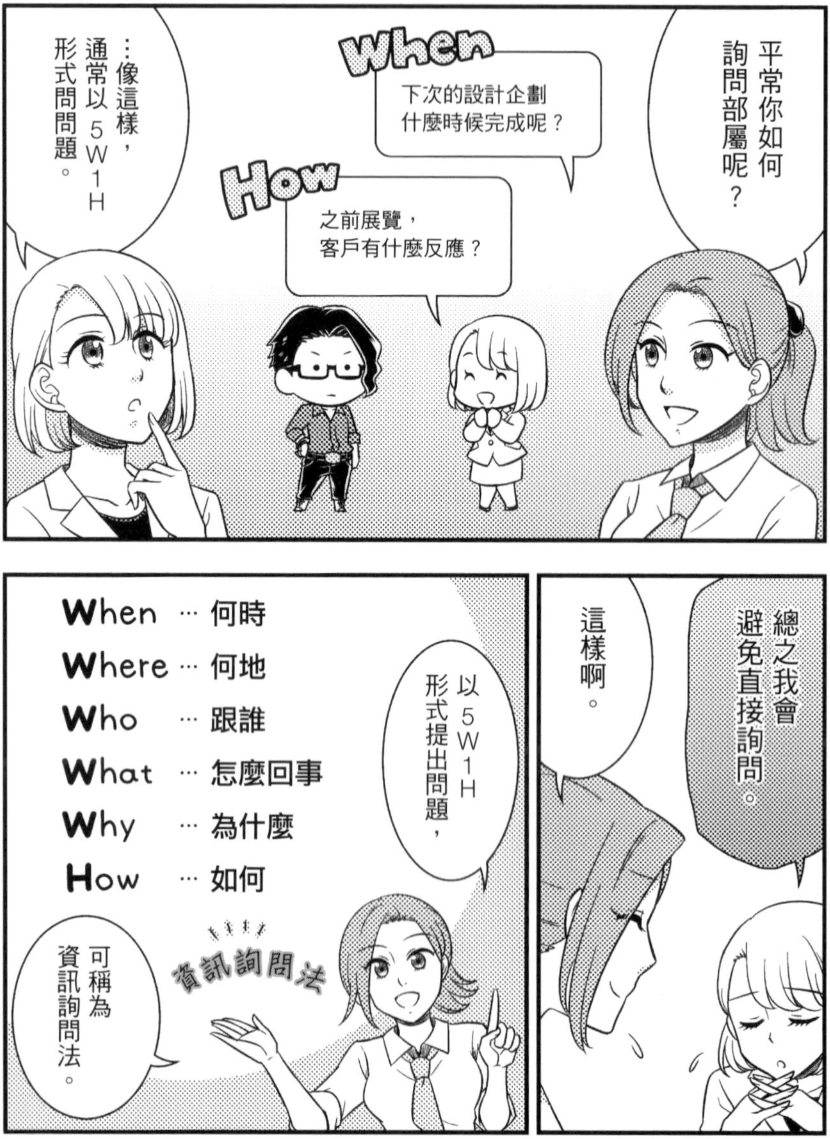

這樣有什麼問題嗎？
第一次接觸網球的契機是？
有做什麼練習嗎？
憧憬〇〇選手的球技。
握球拍的方式。
這種問法的特徵，是回覆很短。
回答太短，會如何呢？
聽者必須隨時準備好下個問題的答案！
沒錯！這麼一來，雙方就無法好好對談。
質問
我一直都這樣做…
用5W1H提問並不是壞事。
唔唔
真的嗎？
是的！只要多下功夫，也能順利用這個形式跟人聊天。

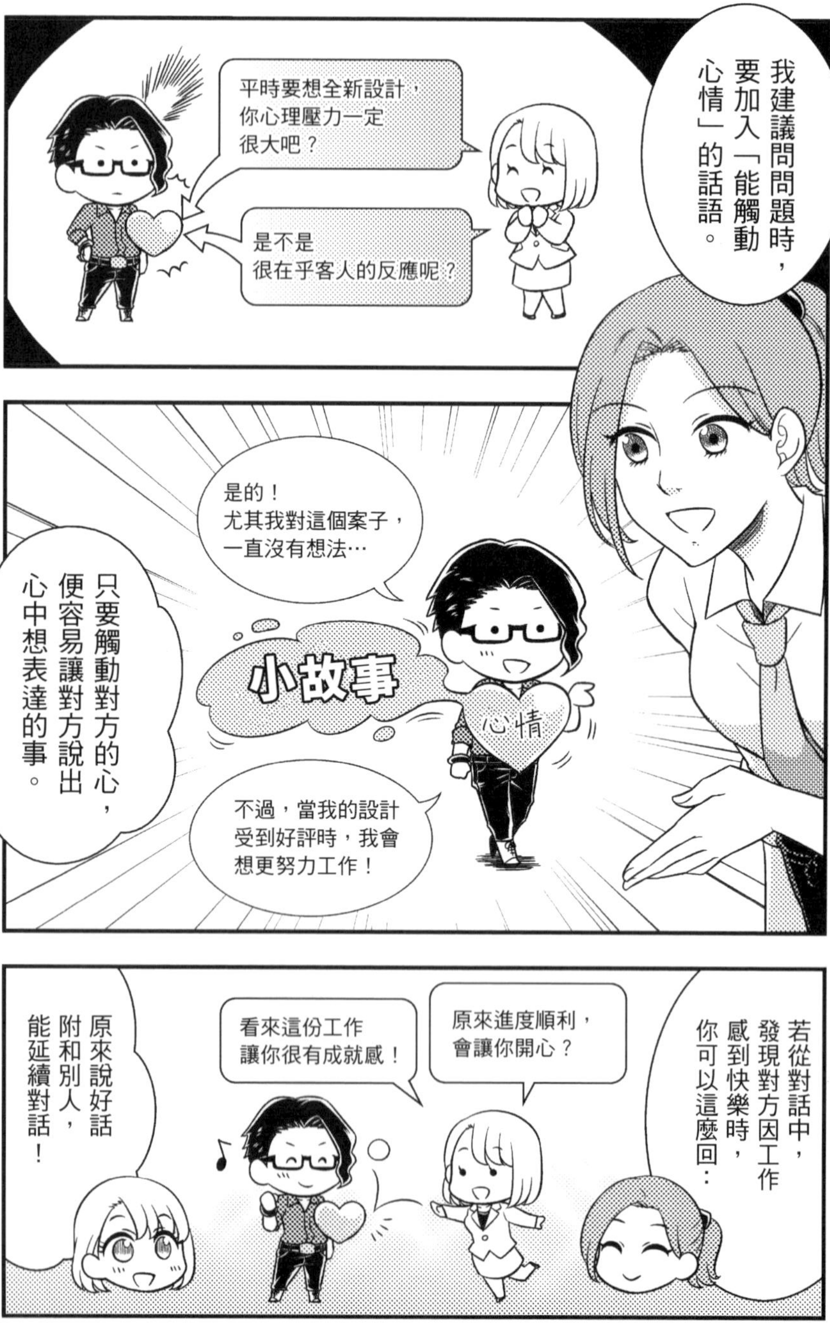
我建議問問題時，要加入「能觸動心情」的話語。
平時要想全新設計，你心理壓力一定很大吧？
是不是很在乎客人的反應呢？
是的！尤其我對這個案子，一直沒有想法…
小故事
心情
不過，當我的設計受到好評時，我會想更努力工作！
只要觸動對方的心，便容易讓對方說出心中想表達的事。
若從對話中，發現對方因工作感到快樂時，你可以這麼回：
原來進度順利，會讓你開心？
看來這份工作讓你很有成就感！
原來說好話附和別人，能延續對話！

今天的課程

除了資訊詢問法之外，也可以加入其他方法來提問。

5W1H詢問，對方只能簡答

我曾看過某位男性學員在研修時，挑戰一項練習——如何提問。這位學員必須對女性指導員接連的提出問題。

「請問來這裡接受指導的男性，大多是幾歲？」、「一開始要怎麼練習？」……這位學員問到第五個問題後，就不知道要問什麼了，於是宣佈投降。

他的這種提問方式就是所謂的5W1H。

但是，這種方式在取得想要的資訊後，

回答太短，會如何呢？
聽者必須隨時準備好下個問題的答案！

就無法延伸話題。

因此在提問時，我們必須重視對方的心情或感受，讓對方有機會提出完全不同的回應。

與人聊天時，不斷的提問。

例如那位學員如果能在指導員回答問題後，用「辛苦你了」、「真是為難你了」等體貼的問候，來試探指導員的感想。說不定指導員會對此有所感觸，便繼續回應你，甚至主動分享在研修中的甘苦談。

提問的訣竅就在於，如何巧妙的引導對方說出話題以外的內容。

當你能帶起對方的情緒，
就能讓話題不斷延伸出其他的小插曲。

11：讓對方願意說不停的技巧

我總算可以跟部屬聊其他事情了！
午安～
真不愧是琉美小姐！
不過我還是希望大家能更主動說出內心話。但關於這點，
只是妄想吧？
沒這回事。琉美小姐有這種想法，就表示妳可以繼續提升說話技巧。
真的嗎？
在這個階段，你可以聽聽對方的負面情感！
寂寞
生氣
悲傷

咦？聽別人講負面的事，真的沒問題嗎？
沒關係哦！
正因是負面情感，所以每個人都想要一吐為快。
與其不斷壓抑心情，導致情緒隨時可能爆發，
不如痛快的抱怨一番，
比起傳遞正向心情，這麼做更能引發出主動跟人說話的能量。
怒
悲
寂
像這樣：
你是不是偶爾不想做家事呢？
對呀！家事真想全都丟給老公處理！

尤其大部分的人認為負面情緒不能四處張揚。
忍耐
忍耐
所以，當你表示願意聽他抱怨時，對方也會想趁這個機會發洩一下。
但是，我該如何用問題來表示我願意聽人抱怨呢？
「你有時會覺得很火大吧？」這句可以讓對方說出怨言！
每天搭電車上班，你有時會覺得很累吧？
您的丈夫雖然個性很好，但他有時也會讓你覺得很生氣嗎？
這樣的話，我也能輕鬆發問！

今天的課程

試著問對方最近心情如何。

生氣的人，話最多

一般而言，人們認為不可以隨便窺探他人隱私，因此，面對他人的負面情緒，往往不會過問太多。

不過我認為，只要負面情感不是被壓抑到快要爆發，其實它比正面情緒更能使人開口說話。

例如，最能帶出話題的問題，是「你應該也有感到很生氣的事吧？」無論面對家人、情人、朋友、上司、

咦？聽別人講負面的事，真的沒問題嗎？
沒關係哦！

當對方發洩完負面心情，會感到開心。

下屬、客戶、陌生人……即使抱有不滿，大多數人會把這種情緒默默的埋藏在心裡，然後若無其事的繼續生活。

所以，當有人表示願意傾聽時，對方也會想藉此好好的發洩一番。

要注意的是，這個問題並不適合對剛認識的人說，我建議等雙方有一定的交情後再問。順利的話，大多數人都會滔滔不絕的跟你聊起這個話題。當你幫對方解放心中的不快時，也可以趁這個機會說出內心話，跟人一起發發牢騷。

12：最容易引起回應的超強問句

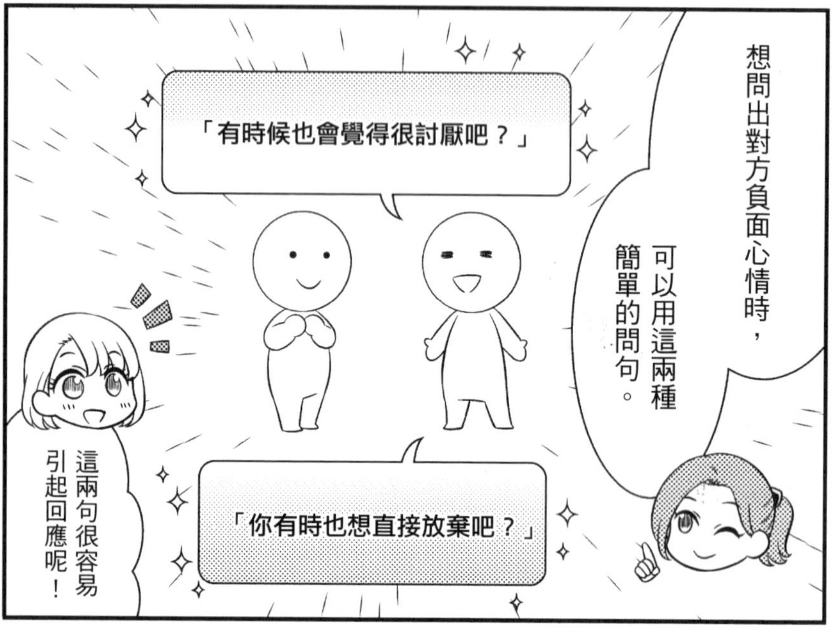
想問出對方負面心情時，
可以用這兩種
簡單的問句。
「有時候也會覺得很討厭吧？」
「你有時也想直接放棄吧？」
這兩句很容易
引起回應呢！

越努力的人
越容易被這些話
打動呢。
PON!
只要心獲得解放，
人們就會想說不停。

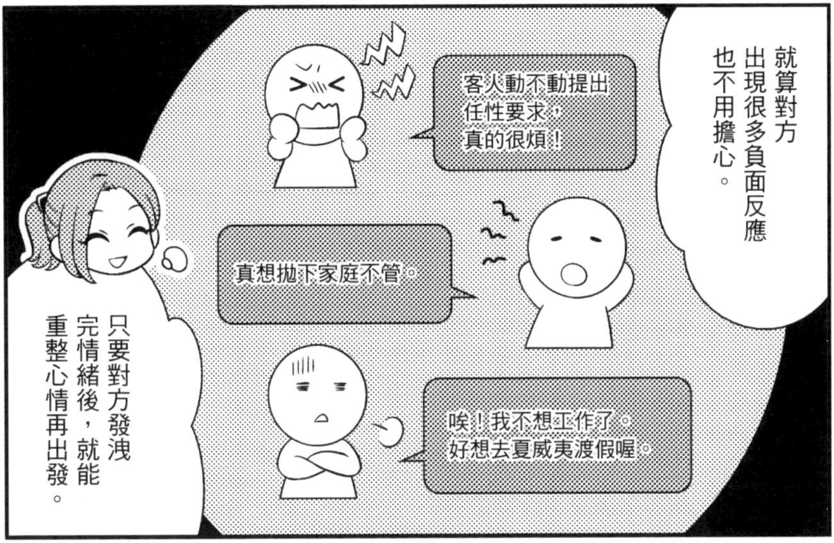

今天的課程

活用問句，解放對方心靈。

問：「你應該也有覺得很煩的事吧？」

人的情緒本來就有好有壞。

碰到不好的事時，大部分的人當下會壓抑負面心情並忍耐。之後如果有人突然問：「你應該也碰過很討厭的事情吧？」當事者就會回答：「對啊，我有過這種經驗。」

你可以像這樣，找機會問對方是否有討厭過某人事物，如工作、家事、帶孩子、通勤搭車、接待客戶、應付上司或情人等；或問有沒

越努力的人越容易被這些話打動呢。
PON!
只要心獲得解放，人們就會想說不停。

有想過拋開這些事。當然，你只是單純跟對方聊這些事情而已，不是真的慫恿對方拋開一切。

倒不如說，透過問題讓對方發牢騷，說出這些令人煩心的事情，如此一來，對方便能產生堅持下去的動力。

「是不是偶爾會想『乾脆什麼都不要管了』？」只要你鼓起勇氣這麼問，絕對有很多人肯定且大聲說：「我真的有這麼想過！」

此外，稍微發牢騷，也能讓彼此產生共鳴。我建議你可以找機會，帶著輕鬆的心情問親友這個問題。

平時就和身邊的人偷偷一起抱怨事情吧！

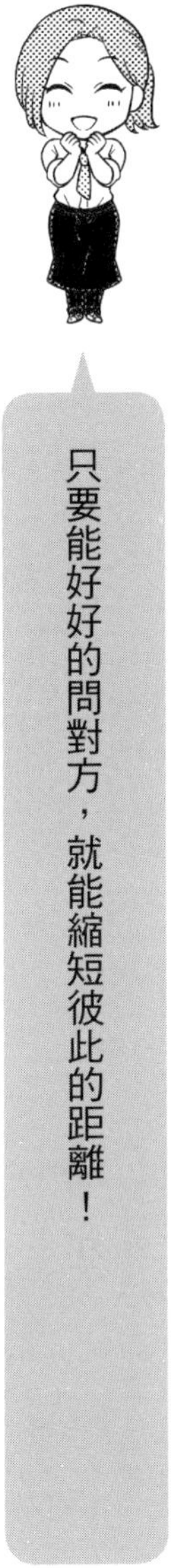
只要能好好的問對方，就能縮短彼此的距離！

提升說話力四

用「對不對？」替他增加回應選項

跟人聊天的人在對話過程中，建議你可以多問一句：「對不對？」或者是「對吧？」

例如，你問對方「這個很有趣對吧？」時，他除了能回答有不有趣之外，透過突然冒出來的小問題，也能促進他思考，增加回話內容。

正因為你擴展了對方答題空間，聽者才能依照個人的想像跟感受，輕鬆的思考你的問題。這種方式很適合用在剛開始展開對話時。

如果你不知道如何跟對方搭話，也可以用這個方法接觸對方。

舉例來說，遇到很久沒碰面的朋友，與其說：「你最近很忙嗎？」不如問：「你最近很忙對不對？」或者，客人在冬天來訪時，比起說：「外面很冷啊。」不如像是徵求對方意見般，問：「外面很冷，對吧？」

此外，面對難以啟齒的問題，靠這個方式也能得到回應。像是面對喜歡的人時，比起問：「有男（女）朋友嗎？」可以這樣問：「有喜歡的人對吧？」藉此提升對方回答問題的意願。

只要使用這個方法，就不會讓對方尷尬、感到無所適從，而且還能有效的拓展你的人際關係。

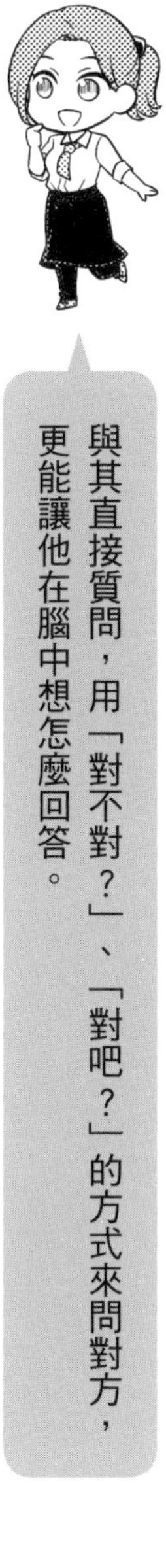
與其直接質問，用「對不對？」、「對吧？」的方式來問對方，更能讓他在腦中想怎麼回答。

提升說話力五

面對陌生話題，該怎麼說下去？

假如有人跟你說：「我最近開始玩攝影。」如果你不具備相關知識，如何回應呢？

很多人認為，即使自己不熟悉某些話題，仍必須硬著頭皮跟對方討論。

事實上，**提出話題的人想表達的，是「請你好好聽我說」**。因此，我們也要改變自己的態度，展現出「我想聽你說」的樣子。

以開頭的攝影為例，我們要先說：「哇！是攝影啊！」和對方取得共識，然後暫時保持沉默，表達出「然後呢？」的期待心情，引導對方接話下去。

仔細觀察對方，若你發現他不知道該怎麼接續話題時，就是你開始發問的時候了。我建議一開始先用 5W1H 發問，例如：「因為什麼契機開始接觸攝影？」、「什麼時候？」、「相機大約多少錢？」等。

接下來的提問，把主詞設成對方，並把他的心情當作提問重點。例如：「看樣子，你很喜歡這臺相機呢！」、「你覺得喜歡攝影的人，大多是什麼類型？」、「你什麼時候發現攝影能滿足自己呢？」

這麼一來，你不只能透過話題接觸到相關知識，擴充自己往後跟別人聊天的話題選項。當你吸收那些相關知識後，也能加深你跟人聊天的話題深度。

提問時，記得讓對方成為主角。

第四章

當話題開始變乾，怎麼炒熱氣氛？

○○公園
キャッ キャッ
竹本先生在學習嗎？
仁美小姐！
是的，因為今天咖啡廳休息，所以我來這裡自習。
仁美小姐呢？
我出來散步，順便買東西。
坐下
穿便服的仁美小姐氣質變得不一樣呢。
啊
我我…我在亂想什麼啊！
哇啊啊啊
今天的陽光真溫暖。

啊，要回些什麼才對。
這個…那個…
竹本先生？
快找筆記
NOTE
對了！竹本先生！我來教你碰到不知該如何回應的狀況時，可以怎麼接話吧！
靠近
天氣話題
間隔
下一句話
噗通
啊，我是不是打擾到你了？
沒這回事！請你教我吧！

打破僵局的方法

好不容易跟對方展開對話，聊到最後，卻發現話題乾掉、自己不知道還能說什麼，於是你跟對方漸漸陷入沉默中。

不管是在什麼情況下聊天，都有可能發展成這種狀況。這時別緊張，你只需要說雙方的共通話題就可以了。

說到共通話題，或許大部分的人都先想到血型、星座等。

可是，如果你直接問，容易讓人覺得你想裝熟，結果對方變得更不願意回答問題。

在本章，有幾種方法能幫助你巧妙且毫不費力的找出共通話題，讓每個人能輕鬆的聊天。

其中一種話題是天氣、日期。根據你們聊的內容來展開對話，讓彼此越聊越起勁。此外，本章還會介紹一些說話訣竅，來提起對方聊天興致。只要嘗試，你絕對會對其中的效果感到驚訝。

我一定要跟你聊超過十五分鐘

- 天氣、日期最適合當開場白。
- 話要留逗點，讓他想回應。
- 先說自己的事，再用同樣的事反問。
- 不知道如何回答時，就談自己的心情。
- 一句慰問——開啟彼此良好互動。
- 彼此陷入沉默時，就說一些共同的回憶。

13：天氣、日期最適合當開場白

〇〇公園
發現沒有別的話題可以聊時，我會變得比平常還要緊張。
別擔心，我推薦幾個簡單好用句子給你！
「今天天氣真不錯。」
「午後可能會下雨。」
「今年還剩〇個月。」
請看！
咦？這是…
沒錯！就是天氣和日期。
天氣&日期
下午好像會下雨欸。
喔，是喔…
這就是重點！
如果這種話題沒辦法引起對方的興趣，該怎麼辦呢？

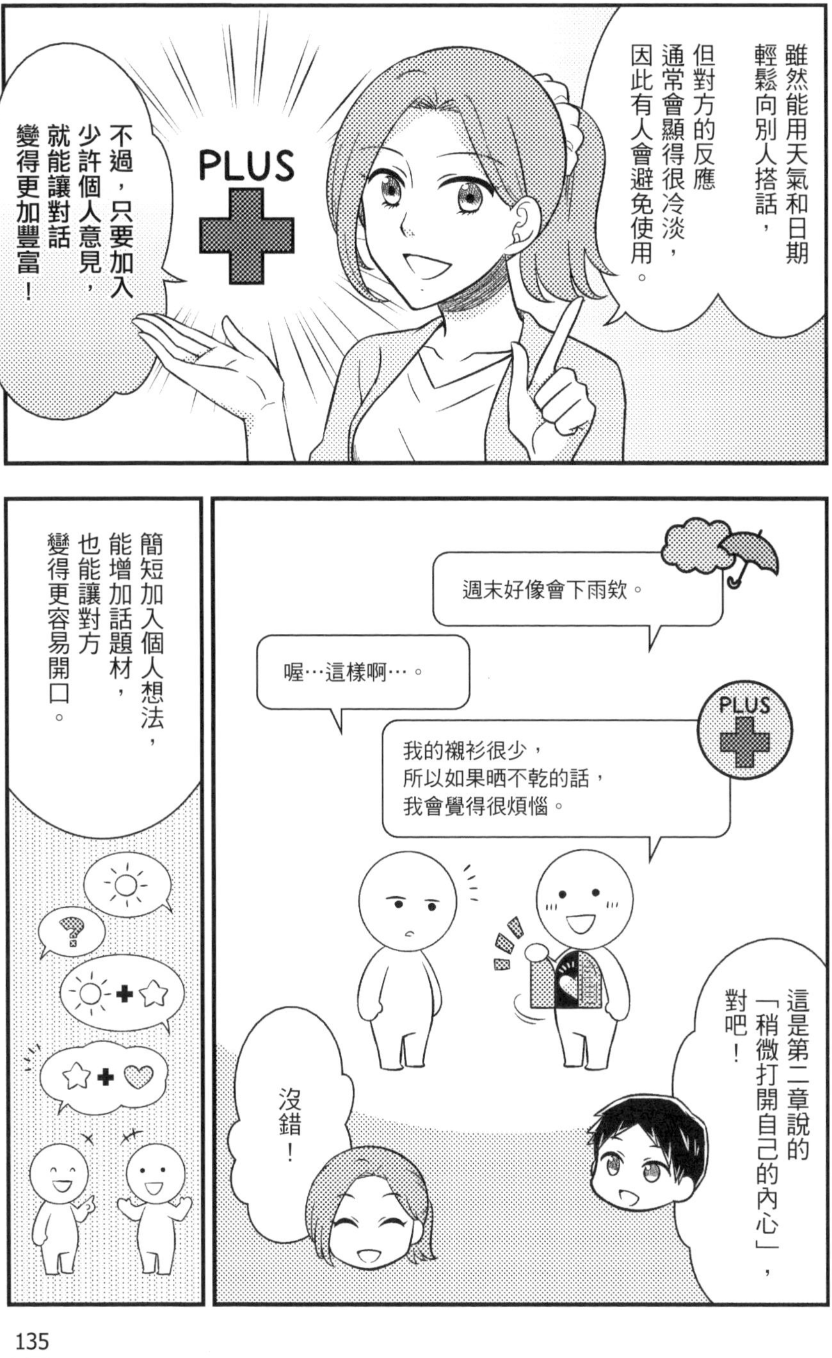
雖然能用天氣和日期輕鬆向別人搭話，
但對方的反應通常會顯得很冷淡，
因此有人會避免使用。
PLUS
不過，只要加入少許個人意見，就能讓對話變得更加豐富！
週末好像會下雨欸。
喔…這樣啊…。
PLUS
我的襯衫很少，
所以如果晒不乾的話，
我會覺得很煩惱。
這是第二章說的「稍微打開自己的內心」，對吧！
沒錯！
簡短加入個人想法，能增加話題材，也能讓對方變得更容易開口。

最重要的是
讓心意變得強烈，
我很想
跟你說很多話！
這個想法
也會傳達給
對方知道。
如果能營造出
這種氛圍，
那我也會變得很健談。
可是，說
「自己的襯衫很少」，
人家會不會認為
我很窮啊？
ハッ
你放心。
呵
呵

今天的課程

說完天氣和日期後，再談自己。

把天氣當開場白，再說自己的事

「今天下午可能會下雨。」

「好像是這樣沒錯。」

如果你只簡單陳述一件事，別人很難給予過多的回應。因此，現在我要教的方法，是實用且能幫助你延續對話的話術。

這個方法以第二章提到「稍微敞開

只要表現出率直且大方的態度，許多人會寬容對待。

心扉」為原則，在你說出「下午可能會下雨」後，再簡短的說出有關自己的事。例如：「我總是在雨天弄髒鞋子，所以這種天氣讓我很煩惱。」

在你這麼說以後，等於向對方傳達出「我想跟你說更多」的想法，而對方也較容易接話。若你能適時拋出不同的話題，等於給對方能更容易開口說話的機會，如此一來，彼此便能開始交談了。順利的話，對方一聽完也就能接著說：「每當我想穿高檔鞋子時，卻老是碰到雨天。」、「雖然這種天氣很適合穿長靴，但我沒時間買。」

當你率先表達心情後，原本對你有戒心的人，也會放鬆自己的神經，並且漸漸顯露出自己內在的一面。

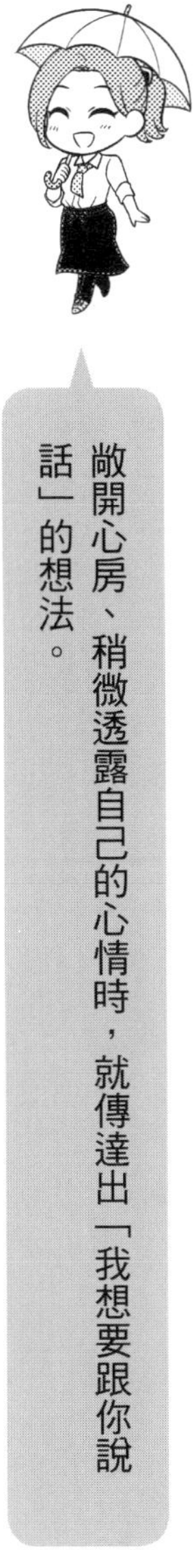
敞開心房、稍微透露自己的心情時，就傳達出「我想要跟你說話」的想法。

14：話要留逗點，讓他想回應

簡短
剛剛說，要簡短提到自己的事，為什麼是「簡短」呢…
這是為了觀察對方的反應！
把球傳過來！
這是為了引導對方發表意見，讓彼此能進行對話，對吧？
沒錯。
暫時說完自己的事之後，你可以先看對方是否因有興趣而回應。
有興趣嗎？
沒興趣嗎？

今天的課程

當你簡短說完自己的事之後，記得先等對方回應。

留逗點，對方才能往下接

其實，率先提出共通話題，然後簡單透露一點有關自己心情的事，是為了觀察對方接收話題時的反應。所以在說完自己的事以後，記得留點時間給對方思考跟反應。

如果你只是不斷的自說自話，對方就無法表達自己的意見，只能默默等你把想說的話說完。若是不幸演變至此，在你把話說完那一刻，同時結束了彼此交談的機會。

因為你一直說，讓對方很難以表達

暫時說完自己的事之後，你可以先看對方是否因有興趣而回應。
有興趣嗎？
沒興趣嗎？

自己的看法，而且一次接收太多內容，他也不記得你剛剛講了什麼，更不願意在跟你說話時，只當陪襯。

相反來說，如果給予對方足夠的時間來發表意見，多數人會在這個空檔中，試著說出個人的看法。當雙方可以互相提問時，彼此的內心也就會越來越靠近。

對話時，你必須留時間給對方思考。

對話時，你必須給對方時間，思考話題內容。

15：先説自己的事，再用同樣的事反問

……是這樣嗎…
安靜
我遇過完全聊不起來的客戶…
看來你已經盡力了…
辛苦你了
下午似乎會下雨呢。
看起來確實會下雨。
我的襯衫並不多，
所以下雨天晒衣服讓我傷腦筋。
這樣啊…
雖然我有五件襯衫交替使用。
……
但雨天和加班的日子變多，
晒衣服變得讓人更加困擾。
哦…
我這樣跟對方搭話，但一直無法提起對方想聊天的興趣。
哈啊

這樣的話，我有一種方法！
那就是，當你說完自己事，你再用同樣的事詢問對方！
…由於一直下雨、加班，所以我感到很困擾。
是喔…
像〇〇先生那麼時髦的人，就算接連幾天下雨。應該也不愁沒衣服穿吧？
不管是什麼人，只要被問到有關自己的事時，就容易發表意見。
於是便能自然的參與話題。
你的話又會如何呢？
如果對方還是沒反應，該怎麼辦呢？
若對方真的不太會說話，
回顧一下自己說的內容會比較好。

例如，自己說話時，是否表現出誠意？
眼神有沒有四處亂飄？
對方發現你神情很緊張，
或是說話太過急促，讓對方難以插話。
總之，用和緩的步調保持安定氛圍會讓彼此更好開口。
要等多久都可以，我們一起聊天吧！
具體例子像這樣：
最近我在外用餐的機會變少了。
這樣啊。
自己的事
因為加班費沒著落，所以我常常回家喝氣泡酒。
喔…
提問
○○先生酒量這麼好，不過平時還是習慣在家用餐吧？
其實我的酒量不算很好，但我平常會小酌。不過我固定星期一不喝，讓肝休息…
自己的生活話題也很重要呢。

今天的課程

透過詢問來引導對方，讓他加入對話。

覺得對方對某話題感興趣，就盡量提問

一開始，你要根據話題，來慢慢鋪陳自己想提出的問題。例如：「我開始會在假日時去健身房健身。」

對方：「這樣啊。」

你：「因為去健身房運動兩個小時，只要花五百日圓，相當划算。如果你喜歡運動，也許可以考慮去那邊活動身體。」

我這樣跟對方搭話，但一直無法提起對方想聊天的興趣。
哈啊

一直聊同個話題，一定能打動對方。

然後，你再更進一步的引導：「不過還是看運動比賽會更輕鬆。」

對方：「是啊。」

你：「如果到現場看比賽，我覺得會更加熱血沸騰。我記得你很喜歡棒球，你應該有看過現場比賽吧？」

對方：「說起來，其實我……。」

不管是什麼人，都能很輕易的回答有關自己的問題，只要你稍微推敲一番，就能參與大家的談話。我建議你可以先找身邊的人們來練習，以抓準使用這種訣竅的時機。

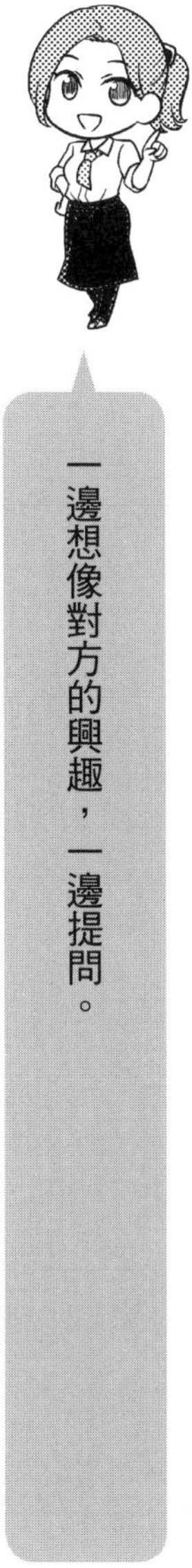
一邊想像對方的興趣，一邊提問。

16：不知道如何回答時，就談自己的心情

就算有辦法聊其他的事情，碰到別人突然提問，如果我只能簡答，很快又句點人了。
你喜歡吃咖哩嗎？
從你家到公司，會很遠嗎？
如果對方拋出封閉式問答，確實容易會這樣。
更糟糕的是，我越想順利聊天，就越緊張，沒辦法好好回答。
這樣的話，我有一招可以解決這個煩惱。
之前有教，打開……
打開自己的內心！
正確答案！

今天的課程

說完「是」、「不是」之後，再簡短的說關於自己的資訊。

簡單且大方回應，對方就會想找你聊

對方：「你會喝酒嗎？」

你：「會啊……。」

很多人都像這樣，由於不斷的想，自己必須好好回答對方的問題，反而更緊張，沒辦法接著把話說下去。

對於任何人提出的問題，我認為可以稍微透露自己的事情來應對。因此，你可以這樣回答：「會啊，我晚上都在

當你簡短說出自己的事之後，先等一等，讓他想怎麼接話。

家裡，一邊看電視，一邊喝酒，我覺得這樣子很放鬆。」

你也可以這樣說：「會啊，我會喝一點沙瓦，我尤其喜歡喝梅酒沙瓦。」

只要能持續聊，對方便不會感到厭倦！

像這樣稍微說一點自己的事，向對方表現出：「我很想跟你交流」、「我很關心你的問題」。如果對方順利接收到這些意思，就會因為得到新的話題，而開始打開自己的話匣子，願意跟你大聊特聊。

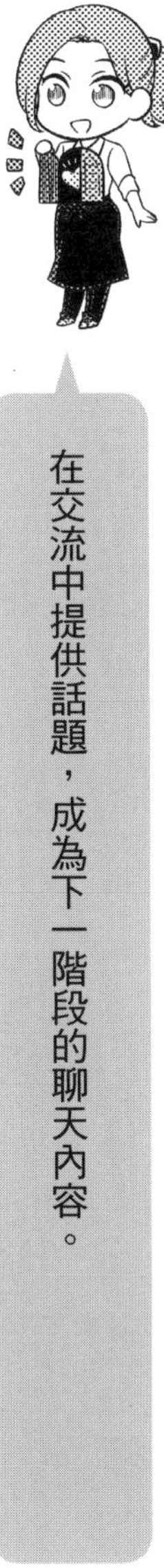
在交流中提供話題，成為下一階段的聊天內容。

17：一句慰問——開啟彼此良好互動

「辛苦了。」你有像這樣慰問他人嗎？
雖然我曾被老闆誇獎，不過慰問通常是上司對下屬做的事吧？我應該沒做過…
呵呵 呵呵
這倒不見得喔。

所謂的慰問，指的是…
當對方感到辛勞、為難、或因某事感到困擾，言語表達關心

舉個例子，跟某人有約會，結果當天下雨，可以這樣說
淋溼了吧？
衣服跟包包有沒有怎麼樣？
原來日常中的關心就是慰問！
沒錯！
這麼一來，被關心的人會對你產生「看來很好說話」的印象。
要注意的是慰問他人時，要用「…對吧？」徵求共鳴。
今天很熱，對吧？
今天很熱呢。
注意
這樣啊。直接說「很熱」，就沒辦法表達關心了。

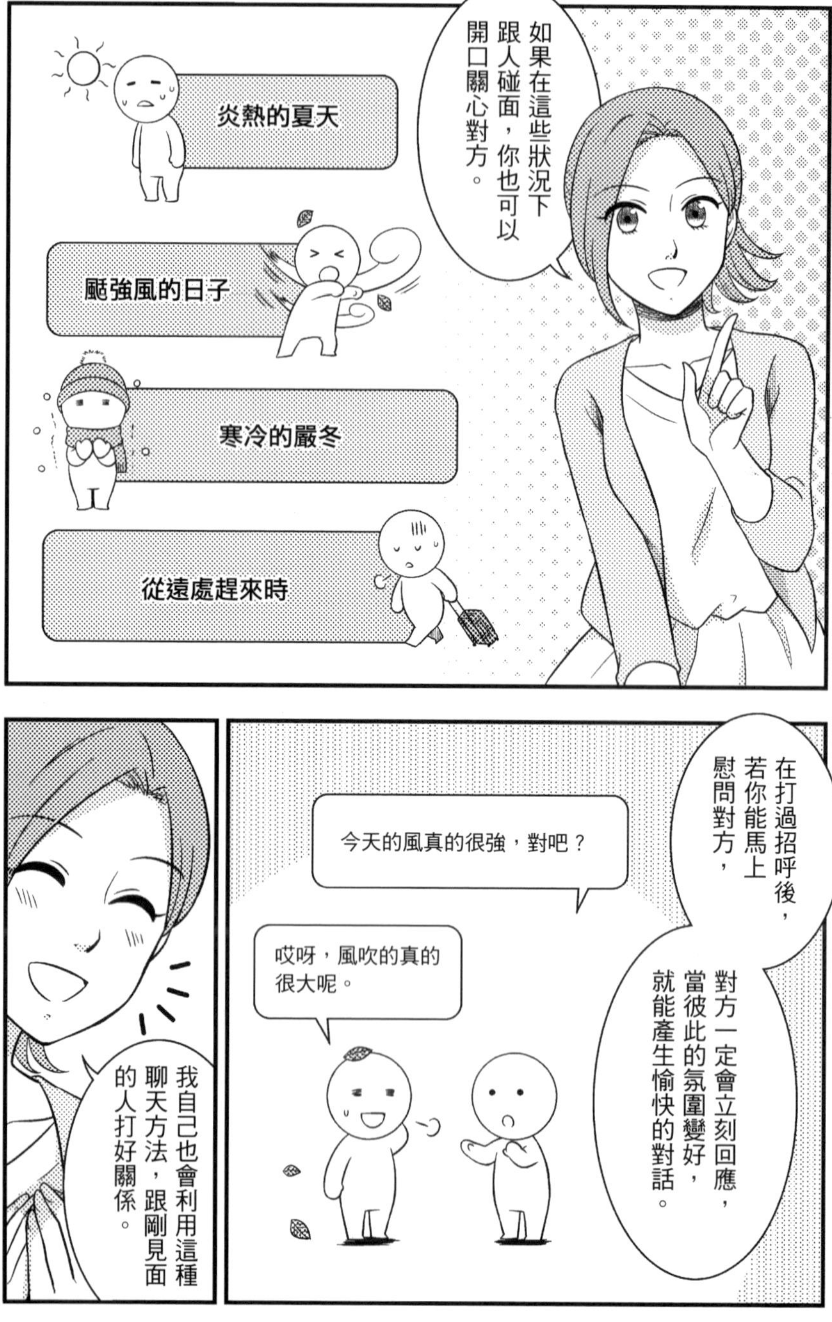
如果在這些狀況下跟人碰面，你也可以開口關心對方。
炎熱的夏天
颳強風的日子
寒冷的嚴冬
從遠處趕來時
在打過招呼後，若你能馬上慰問對方，
對方一定會立刻回應，當彼此的氛圍變好，就能產生愉快的對話。
今天的風真的很強，對吧？
哎呀，風吹的真的很大呢。
我自己也會利用這種聊天方法，跟剛見面的人打好關係。

今天的課程

找機會慰問對方吧！

慰問的話要用「對吧？」當結語

最近，有不少人利用慰問當開場白，來跟他人交談。

慰問，基本上是針對對方的辛苦、有困難跟麻煩之處，而說出體貼話語。經過你的關心後，對方會放鬆神經，並且跟你產生良好的互動。

像是在雨天、颳強風、從遠地而來、天氣炎熱或寒冷的日子……都是適合主動慰問他人的好時機。

原來日常中的關心就是慰問！
沒錯！

雖然只是簡單的慰問，但也能讓對方的心頭感到溫暖。

例如，當你說完「你好」之後，可以繼續說：「今天真的很熱，對吧？」而對方也一定會回答：「對啊，今天真的超熱！」

或許大家有過類似的經驗，很多人應該曾在這個階段，很自然的跟人聊下去，結果，回過神來發現彼此的感情已經變得很好了。

慰問時，要用「……對吧？」句型，而非肯定句「今天真熱」。

重點在於，彼此能因此產生交流，進而創造出和善明朗的談話氛圍。

慰問的重點，在於用「……對吧？」的句型來表現關心。

提升說話力六

彼此陷入沉默時，就說共同的回憶

我們在對話的途中，有時會不小心陷入尷尬的沉默。

但這時我們更該冷靜下來，心平氣和的觀察現況。唯有保持輕鬆自然的態度，才能愉快的聊天。

千萬不要怪自己想不出話題，或認為自己就是很無趣、話題很乾。因為當你陷入負面情緒時，你的表情會顯得緊張、消極，這種自責的模樣會影響對方。一旦對方看穿你的負面情緒，他也會覺得很尷尬。

既然如此，我們該怎麼辦？我現在教你一個非常管用的方法。

你：「我念書時，因為打網球而認識妻子。當時我還很年輕，可以運動很久，現在只要跑十公尺，就氣喘如牛。」

對方：「喔，這樣啊……。」

最令人尷尬的一瞬間來臨——對方冷淡回應，而你也詞窮了。

我建議，這時候從剛剛提到的內容，尋找能提問的線索。雖然這樣有些耗腦，但我相信絕對不會很困難。此外，因為對方肯定記得自己的經歷，所以你也可以單純提到、詢問過去的回憶。

「話說回來，你念書時有打過網球嗎？」

其實，這種質問方法不但能產生新話題，而且能展開跟剛剛完全不同的談話內容。就算過程中提到一樣的話題，這時只要說出其他回憶就行了。

一旦對方陷入沉默，就問：「你曾經這麼做過吧？」

第五章

我該怎麼同時跟一群人說話？

CAFE
啊。
公司創立50週年活動，應該會有很多人到場，對吧…
是啊。
怎麼啦？
我發現一件很嚴重的事。
這就表示…現場會有很多人！
哇
哇
這就表示，我必須同時跟那群人說話！
咚——！

我只顧著練習一對一對話，完全忘了活動上會有很多人。
DPOT
沒關係啦其實你不用想得太複雜。
但是…我沒辦法想像自己可以跟這麼多人說話。
既然如此，這次我們就來學習如何融入人群跟人交談吧！
一對一
點頭附和
提供話題
聽完之後，或許你會覺得比想像的還簡單。
冷靜點
冷靜點
好的～

多人聊天跟單人對話，原則一樣

當你讀到本章節，就表示你已經初步了解如何一對一聊天了。

那麼，想同時和多人說話時，例如派對等場合，我們該如何進入別人的對話中？又該說什麼內容？

答案其實很簡單，基本原則就跟單人聊天一樣。首先你要點頭示意，表示自己有參與話題、聽對方說話。接著，稍微透露心情或自己的事，給予對方能搭話的題材。基本上，只要重複這些步驟重複就可以了。

在本章中，還介紹幾種方法，不但能讓聊天氣氛變得更熱絡，而且還可以立刻上手，非常簡單易懂。

現在，我們就馬上開始課程吧！

我一定要跟你聊超過十五分鐘

- 用點頭刷存在感。
- 別人突然提問，該怎麼答？
- 說一些好笑或失敗的經驗。
- 讓你旁邊的人，（下意識）幫你打好關係。

18：用點頭刷存在感

我只要遇到聚會之類的場合便感到不知所措。
是這樣啊…反正聚會次數不多，那麼，好好享受聊天比較好吧。
嗯……
竹本先生，你能具體說出為什麼對此會感到不安嗎？
雖然有很多原因，但大致上是這樣…
不知道自己該講什麼。
要是自己都不講話，會因沒受到關注，而覺得孤單。
找不到說話的時機。
說話卻被無視。
我也有這些經驗。

但我建議你換個角度思考一下。
例如，跟五個人說話等於把一個人的對話量平分給五個人。
說得也是！
既然如此，那我要怎麼加入人群的對話中才好呢？
不用擔心，基本上多人跟單人對話重點一樣
我現在就教你具體方法。

當你無法加入對話時，或跟不上話題時，
一定覺得很孤單吧。
但在這種場合，跟單人交談一樣你要先聽。聽完對方的話後，再做出反應。
看著正在說話的人。
點頭示意。
微笑的同時，也要表示出肯定的態度。
若只是這樣，那我就沒問題了。
哦—！
沒錯！只要你保持愉快心情，
就能跟大家聊起來了。

若你的心思不在話題上…
真想早點結束。
好無聊喔。
你的表情和態度，會讓人覺得你不想跟他們接觸，這麼一來，其他人會變得很難開口。

我以為「必須先想辦法說話」，結果該做的完全相反。
嗯 嗯
呼
是的！
你光是點頭附和，就能成為談話中一員愉快的跟人聊天！

今天的課程

即使人數變多，基本原則跟一對一聊天一樣。

一對多交談，先點頭就好

有些人認為自己不擅長跟多人聊天。但你只要稍微思考一下，就會發現即使在這種場面，人們大多時候都是一對一交談。換句話說，你跟五個人聊天時，也只是把對五個人說五次話的流程，改為一次對五個人說而已。

基本原則就跟單人聊天一樣。

我以為「必須先想辦法說話」，結果該做的完全相反。
嗯 嗯
呼
是的！
你只要點頭附和，就能成為談話中一員愉快的跟人聊天！

只要這樣做，你就不用勉強自己插話聊天！

和一群人聊天時，先聽對方說話，並點頭示意。表達自己願意聽他說。如果你仔細觀察，會發現有人開口說話時，其他人第一個動作就是好好看著對方，聚精會神的聆聽。

在對方開口時，你要適時的發出聲音，如「喔喔！」、「嗯——」表示理解，或是用微笑來表達你對內容感到佩服。簡單來說，就是好好的做出反應。

光靠這些小動作，就能讓氣氛變好、人們互動更加活躍。這時，負責炒熱聊天氣氛的你，就成為這場談話中不可或缺的重要成員了。比起不停的想「必須努力說話」，不如靠這個方式，能更自然的融入談話之中。

就算是細微的反應，也可以活絡聊天成員間的氣氛，讓自己融入場合中。

19：別人突然提問，該怎麼答？

在眾人的注視下發言，應該會讓你覺得緊張吧？
是啊。我甚至會緊張到說不出話…

我在習慣跟人說話之前，也是一樣。
別人突然找我說話，我大腦就變得一片空白…
竹本先生，你有推薦好吃的店嗎？
我沒有特別推薦的…
啊…
欸…
原來仁美小姐以前也一樣啊！
我大多情況會先回答自己沒什麼意見…

要是沒能好好回答…
對方會發現你無法接話而打消跟你說話的念頭。
我沒有特別推薦的…
這樣啊…再問下去也沒意義…
欸？我不希望變成那樣！
我是因為想多說一點話，才勉強自己回答…
所以，這時就要稍微透露自己的心情來接話！
你有推薦好吃的店嗎？
回答
沒有耶，我對這些不太清楚。
自己的心情
因為我自己不敢亂踩雷…若是拉麵店我就敢進去了。

原來說出自己的心情和資訊，就能點綴回答內容了。
回答
自己的心情
沒錯！這麼一來，對方就知道「我能跟這個人繼續聊下去」。
而且，因為還有其他人能接話，
所以別人能從你提供的資訊，來擴展話題。
吃拉麵也不錯呀！
你有推薦哪些店有賣不錯的海鮮拉麵嗎？
隨著你稍微透露自己的心情，
看來我也可以說幾句…？
其他成員便覺得自己能接話。

今天的課程

即使自己的回應是「NO」，只要加入適當的內容也能繼續聊。

別人丟球，你接，你丟球，別人接

交談時，適當的回應對方也是一種禮儀。當你接受提問時，對方也會希望你的回應能讓他好接話。而且要是能再給一點私人資訊或想法，更有助於你們拓展話題。

例如，對方問：「有打算跟朋友一起去看煙火嗎？」你可以說：「我還沒有跟人約好，不過，如果要去的話，我想穿浴衣參加。」

但是，如果透露自己的資訊跟心情，大家還是不想理我又該怎麼辦？

每次都回答「沒什麼意見。」

這樣回答不僅能讓對方思考，要不要持續聊該話題，也能把浴衣當作關鍵字，來開啟新的內容。

當然，就算對方一時之間還沒想好要怎麼接話，在場其他人聽到你的回應，可能會接著說：「穿浴衣真是好點子。」、「自從跟前男友去看煙火之後，我一直都沒機會穿浴衣……。」在旁人陸續提出自己想法的這段時間，就足夠讓對方思考自己可以回什麼了。

這個方法，能讓你從原先的話題，慢慢拓展談話內容，使彼此能聊得更多、更廣，氣氛更熱絡。

當預料外的成員對話題產生共鳴，他們便成為幫你延續話題的同伴，進而增加交流。

提升說話力七

說一些好笑或失敗的經驗

如果你想讓別人接話，要是說：「接下來請〇〇說幾句話吧。」不但莫明其妙，而且突然指定某人說話，想必會造成對方的困擾。

像這種時候，最好先試探對方的想法。

例如，你說：「以為自己拿了一瓶三千日圓的紅酒，但是拿去櫃臺結帳時，店員卻說這瓶紅酒一瓶要一萬三千日圓。」

這時，如果你再說：「要是A先生的話，又會怎麼做呢？」或是「B小姐會直接說自己看錯嗎？」像這樣子，就能自然的把話題丟給別人。對方也能透過這個機會，發表自己的意見。

你也可以說一些自己的失敗經驗，然後試著問對方，如果遇到相同狀況，他會怎麼解決問題。由於只是假設而已，所以參與話題的人能自由想像並且樂在其中。

問對方：「換成是你，這時你會怎麼辦、怎麼想？」

提升說話力八

讓你旁邊的人，（下意識）幫你打好關係

對不擅長說話的人而言，很難在充滿陌生人的團體裡跟多人說話。因此，我建議，這類人要先鎖定身邊的人，然後盡快的跟他打好關係。

你可以自我介紹、向他敬酒，試著掌握身邊那位成員的心情。想在團體中跟大家熟識，你就要像這樣借用旁人的力量，逐漸打好人際關係。

剛加入團體對話時，首先你要仔細的觀看正在說話的人，並且跟其他人一樣附和發言者的談話內容。大家在笑，你也要跟著笑；即使你不知道大家為何拍手，你也要跟著拍手。重點是，你要跟眾人的步調取得一致。像這樣低調的

跟大家裝熟，就能透過剛認識的人，逐漸和其他成員熟識起來。

接下來，透過最一開始熟識的人，向沒搭過話的人提出問題。在這個階段，別忘了說出對方的名字。你要一邊提問，一邊看著對方的臉：「坐在A旁邊的這位，就是今天的幹事B，對吧？」

這時，A會說：「沒錯。」然後介紹B給你。而B因為你對他感到興趣，所以你的第一印象不會太差。如此介紹過後，對方也許會稍微跟你寒暄一下，並且主動跟你說上幾句話。

請先跟身邊的人熟識，再慢慢的跟其他成員交流。

第六章

這幾招可以讓
彼此的關係更親近

CAFE
ふう…
公司裡
真的什麼人都有呢。
擔任主管，會碰到很難解決的問題吧？
哈哈…對呀…
因為學了怎麼對話，所以同事們願意放下心房跟我說話。
即使如此，我還是很擔心某個不善言詞的新人。

雖然我想跟這個新人拉近關係，但我們之間仍有距離感。
雖然只是小事情，但對方不太敢跟我討論…
也就是說，你想打破僵局，但彼此在過程中都感到不安，對吧？
那麼，今天我就教你透過對話來改善關係的絕招吧！
關心
商談
YES
NO
誤會
哇！得救了！
我想好好的學習，所以請再給我一杯咖啡！
好的，馬上泡一杯美味的咖啡給你。

想改善人際關係，你要改變的觀念是……？

很多人希望自己能變得更會聊天，主要動機就是為了交朋友、談情說愛等，構築出自己理想中的人際關係。因此在本章當中，我們將告訴你如何透過對話，和其他人構築出幸福的關係。

也許你在許多場合裡，會很留意人們的一舉一動。不過，即使這麼做，你認為真的可以讓人際關係變得更順遂嗎？

對於這個問題的答案，我只能回答「不是」。

其實，只要迴避或不在意某件事情，就能提升人際關係，改善對話能力。

那麼，我們到底該迴避什麼事情呢？

大致上，就是不要意識「我得小心別做出讓人討厭的言行」。關於這個方法的理由，我會在後面內文詳細說明。

只要改變一下心態，跟人對話的方式就出現變化。

當你可以用更大方的態度面對他人，並且縮短彼此間的距離，就能讓對話的過程變得更快樂。

我一定要跟你聊超過十五分鐘

- 「怕被人討厭」反而拉開彼此距離。
- 面對「句點王」，怎麼讓他開口？
- 重視對方不經意說出的事。

20：「怕被人討厭」反而拉開彼此距離

啊——這麼好喝的咖啡讓我活過來了。
這番話真令人高興！
為什麼我會變得這麼累呢？
明明我不討厭在工作中跟人說話…
哈啊…
琉美小姐，難道…
你抱著「想被人喜歡」、「不想被人討厭」的心情說話嗎？
啊！
沒錯…我好像是這樣。

雖然人們難免會有這種念頭，
動機
但人際關係好壞取決於動機。
假設，你的動機帶有不安，
這樣的心情會馬上傳達給對方，因此，大多時候你無法順利聊天。
不安
如果你因抱有「不想被人討厭」而感到疲憊的話，
從今天開始，就不要帶著這種想法跟人攀談。

把不安轉換成幸福動機：
「這麼做，彼此都能感到愉快」，然後展開行動。
例如：收到訊息時
不安
「要是不趕快回應，會被對方討厭！」而慌張的回覆。
幸福
「不管如何回應，對方都覺得愉快。」於是好好的回訊息。
人在聊天時，會認為「自己必須回應對方」而產生不安，並勉強自己配合對方，結果讓對話變得牛頭不對馬嘴。
我喜歡聽福音音樂。
不安＋說謊
福音音樂真的很不錯呢。
我就是犯了這個錯……
哎呀…
別太在意！因為琉美小姐很體貼，所以才這麼做。

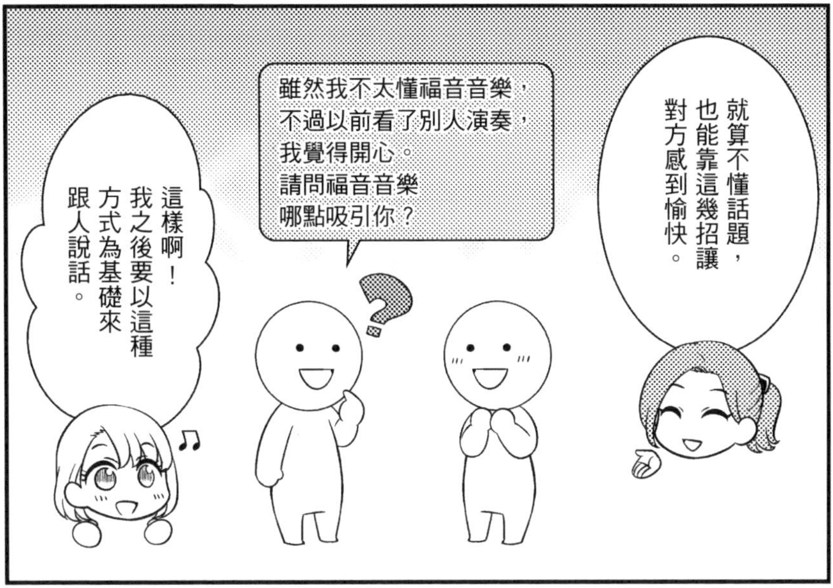

今天的課程

用如何才能「讓對方感到開心」的觀點，才是構築良好關係的訣竅。

不裝懂，老實回應

如果你想跟對方的關係變好，在你跟對方互動時，就要想著：「這麼做對他有好處，而且自己也會高興。」

假設你跟別人聊天時，對方說了一些你聽不懂的事，你該怎麼辦？

有些人認為就算不了解該話題，也要想辦法針對話題回個幾句。

其實，要是你不知道對方說的事情，只要大方的說：「這我不太清楚。」就好了，

我相信你一定可以打好人際關係！
以「幸福動機」來接話⋯
聽了以後，心情輕鬆多了！
請再給我一杯咖啡吧！

並表現出「我雖然不清楚這件事，但是我很願意聽你說」，像這樣順著內心感受，然後給予回應，更能讓對方感到愉快，讓他想跟你多聊聊。

順著自己內心感受說出的回應，就是構築良好關係的第一步！

我建議，大家在談話時把「幸福」當作發言動機，也就是讓彼此都開心、快樂作為標準，如此一來，雙方在人際關係上更容易產生進展。

請將聊天的焦點集中在快樂、開心的事、讓人興奮期待的事。

21：面對「句點王」，怎麼讓他開口？

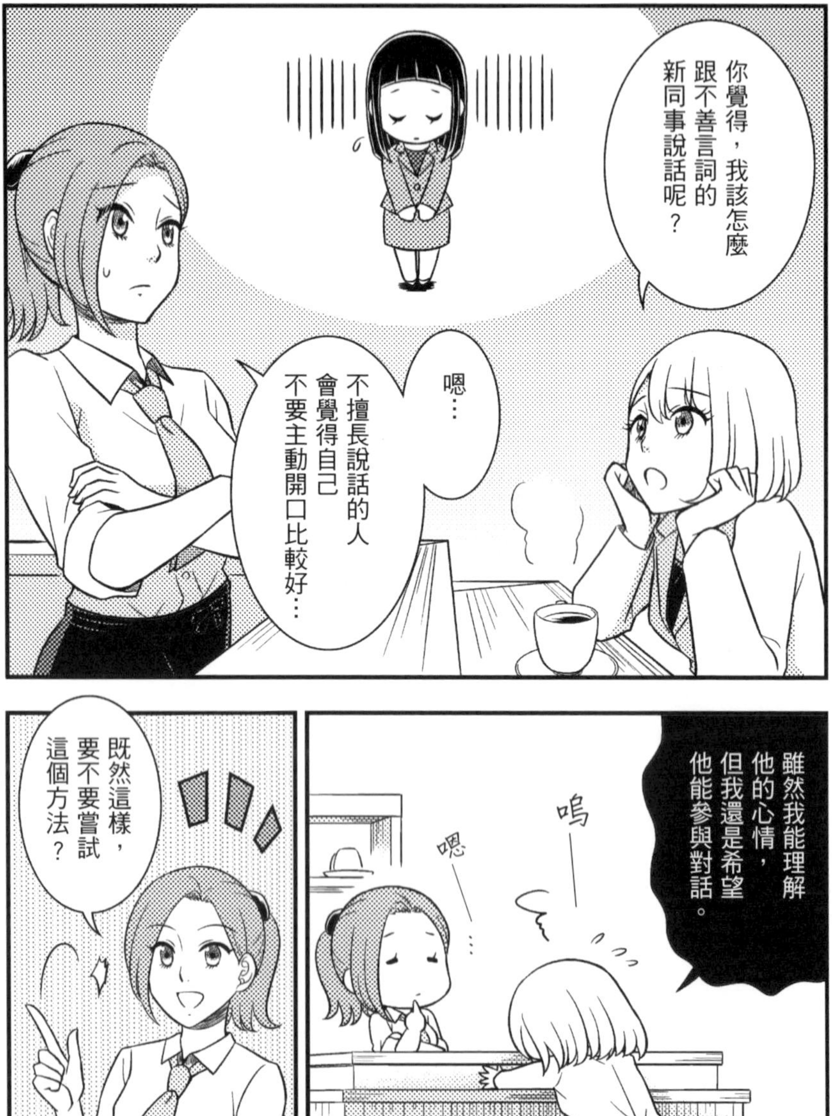
你覺得，跟不善言詞的新同事說話呢？我該怎麼
嗯…
不擅長說話的人會覺得自己不要主動開口比較好…
雖然我能理解他的心情，但我還是希望他能參與對話。
嗚──
嗯…
既然這樣，要不要嘗試這個方法？

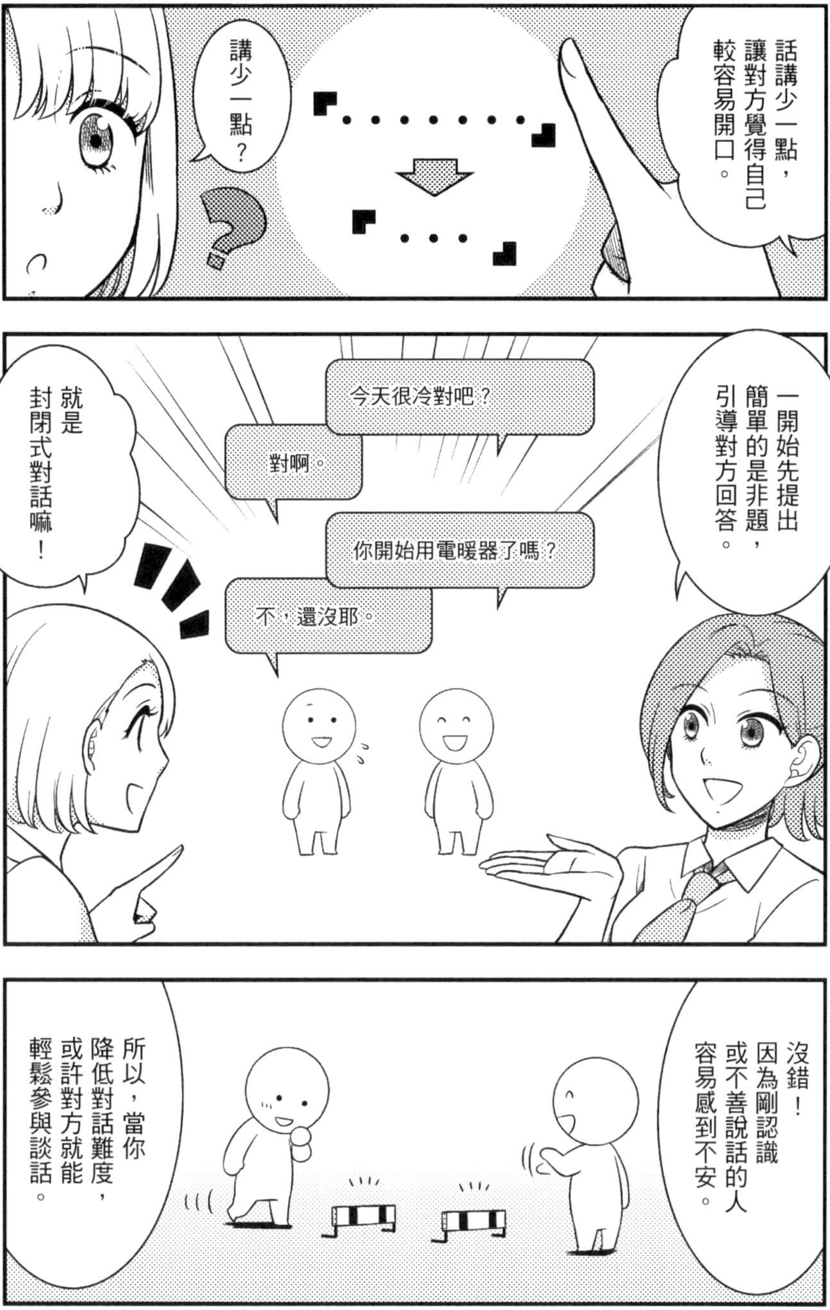
話講少一點，讓對方覺得自己較容易開口。
講少一點？
「········」
「···」
一開始先提出簡單的是非題，引導對方回答。
今天很冷對吧？
對啊。
你開始用電暖器了嗎？
不，還沒耶。
就是封閉式對話嘛！
沒錯！因為剛認識或不善說話的人容易感到不安。
所以，當你降低對話難度，或許對方就能輕鬆參與談話。

但靠封閉式問答很難延伸對話。
YES
NO
按照原本的形式的確會很難聊天。

不過，我們在談話時，若發現有適合開啟新話題的關鍵字，可以馬上換話題。
只要注意對方的性格，就能輕易拓展對話。
你開始用電暖器了嗎？
不，還沒耶。
你很能耐冷呢。
因為身體已經習慣啦。
OPEN
你對其他事情得忍受度也很高囉？
沒這回事呢！我無法抵抗巧克力，只要一到超商，就忍不住買幾個來吃。
原來如此，這樣就變成開放式問題了。

今天的課程

說話時，盡量讓對方容易參與話題。

對不太會説話的人，用封閉式提問

曾有學員說，我會不經意的用封閉式問句來展開話題。例如，我在開始上課時，對十五分鐘前就抵達教室的同學說：「你每次都很早到。」然後再問：「你做事都會給自己緩衝時間嗎？」等話題。

對快遲到的同學，則問：「是不是心想還好自己有趕上？」再問：「你的人生過得很隨興吧？」

因此，我們在談話時，若發現有適合開啟新話題的關鍵字，就能馬上換話題。
只要注意對方的性格，就能輕易拓展對話。

這個場合中，幾乎所有人都會笑著說：「對啊。」並且開始說，到教室前的那段時間發生了什麼事，或是平常怎麼安排時間，也可能談到認識的親朋好友對自己的行動有何意見等。

還有，面對不熟的人時，你也用簡單的封閉式問句來搭話。只要熟悉這個方法，以後就能逐漸了解如何根據對象的個性，來提出簡單的問題，進而有意識的擴展話題。

現場氣氛緩和時，你可以視對方的個性提出問題。

請巧妙的使用封閉式問句和開放式問句跟他人搭話。

提升說話力九

重視對方不經意說出來的事

人都喜歡關心自己的人。

雖然有很多種關心他人的方式，但其中一種較難發覺卻重要的，那就是記住對方隨口說過的小事。

當你察覺注意他人說話細節，就表示你非常仔細的聽別人說話。從對方眼裡來看，他認為自己受到你的重視。

我認識一位女性推銷員，某次她跟我說自己前往九州出差的故事，然後她像是回憶往事般，突然說：「野口先生在七歲時從九州搬到大阪，對吧？」其實，那是我以前跟她偶然提起的瑣事。但過了那麼久，她卻還記得，這讓我受寵若驚。

因為那次談話，讓我決定跟她們的公司訂購教具。現在想想，也許這個說話技巧，對每個推銷員而言，是最基本的接待話術。

當你記住對方說過的事，也代表你喜歡對方所說的內容，甚至因此有了想像並深深的烙印在記憶中。

其實這個技巧也能用在戀愛上。尤其對方是自己非常喜歡的人時，你要更用心的反覆聆聽、記住對方的話。之後，當你提出這件事時，如：「對了！我記得你還滿喜歡這個東西。」時，對方很可能因此深受感動。

習慣一邊聽，一邊記住對方說的事。

第七章

尷尬場合
專用的破冰法

22：話不投機，怎麼辦？

有時對方說的話，無法讓我提起興趣…
棒球
碰到這種狀況，確實很難聊。

在這個時候，我建議不要太注意話題，而是注意「發言者本身」！
棒球

注意對方的個性並發問
例如，跟喜歡棒球的人聊天，不要把心力集中在棒球上……
買什麼？
一定會買啤酒喝。
BEER
如何買入場券？
不會線上訂票，而是當日在現場購買。
選哪個座位？
因為也想看在場外加油的人們，所以很喜歡坐在最外面的座位。
這樣不只容易找到感到共識的地方，而且也能輕鬆的慢慢聊到其他話題。

對話題不感興趣？那就關心提出話題的人

跟別人聊天時，某些話題或許讓你有同感，也有可能因為對方想的跟自己完全不一樣，而感到吃驚。這時候若想跟對方繼續聊下去，祕訣就是一邊聽對方說話，一邊想像對方的樣子。

例如，他說：「我看了一部一直很想觀賞的電影。」想從對方的話中找出話題的人會問：「什麼類型的電影？」、「演員有誰？」、「和誰一起去？」、「去哪個電影院看？」讓對方保持繼續說話的興致。

此時，發問者要想像對方看電影的模樣。因此，談話主題就要從電影本身，轉移到對方身上，如：「你看電影前會做什麼事？用什麼心情看電影？」「我一定會事先買票。」、「在播映前三十分鐘進場。」、「我喜歡坐在最角落。」、「我看完工作人員名單才離開影廳。」、「我看電影一定配爆米花。」等。你的問題光是從「怎麼預約」到「電影前會買哪些東西」，對方肯定會給出各式各樣的答案。

如果問：「你應該很討厭塊頭大的人坐在隔壁吧？」、「這部電影是不是有些場景很催淚？」基本上，對方都會有所回應。此外，因為你表現出專心聆聽的樣子，也提高了對方發表感想的意願。

而你也會因為對方有著跟自己完全不同的人生、言行、想法，而發現新的觀點，這些差異肯定讓你在心中讚嘆：「哎呀，跟人說話真的太有趣了！」

23：什麼時候才是最好的回話時機？

在最初時，
先別急著搭腔，
而是觀察
對方的樣子。
wait…
嗯、嗯

我什麼時候才
能參與對話呢？
我很講究
拉麵的味道
當你能解
對方想傳達的
內容時，
就可以說了

確認話題後，就說一點自己想說的

「我上週去北海道吃拉麵。」當朋友開始說話時，你要表現出他希望得到的回應：「哇！真羨慕你！」

「那間店大排長龍，大約要排隊一小時才吃得到。我從介紹拉麵的網站上發現這間店，所以我一直很想去吃一次看看。」

現在你已經知道朋友的說話動機，從對話中能得知，他會找拉麵美食資訊。只要你留意話題變化，就能參與話題。不用害怕自己的意見會被人漠視。

基本上你只需要注意一個重點，就是在不偏離主題的情況下，說一些自己的事，這麼一來，對方就能根據你說的話，來延續對話。

24：不說多、停2秒，他才能正確接收你的訊息

談話時，最多只透露兩個訊息

人有個特性：聽人說話時，會一邊聽，一邊想像發言者所說的內容。而人的腦中最多只能同時處理兩件事，因此我們要注意的，是跟別人聊天時，不需要一次說太多，否則聽者會不小心分神。

與人對談的同時，要確保聽者能吸收內容，因此每說一段話，就該稍微停頓一下，讓聆聽者有時間去想像情境。

我建議停頓約兩秒，只要能確保這個步驟，聽者便有時間吸收內容，也有餘力根據你的說話內容來附和。接著，你可以繼續用相同步調和對方聊天。

25：如何跟不同年齡層、立場不同的人說話？

和不同世代的人說話，很難找到彼此的共通點。
興趣也不一樣…
呃…
欸？明明就有很多共通點嘛。

因為我們都是人
早餐
我喜歡香蕉跟牛奶
我最喜歡納豆了
通勤
電車上滿滿的人
路上塞車
啊！確實有共通點。
尋找共通點時，可以順便探討彼此哪裡不同，進而製造愉快的話題。

就算立場不同或有年齡差，也有共通點

現代人有越來越多機會跟不同年代、立場的人講話，然而在談話前，很多人認為，自己很難跟不同類型的人聊起來。事實上，不論面對什麼人，彼此都有很多共通點。例如，天氣和日期能成為在場所有人的共通話題。「天氣變暖和了」、「馬上就要過年了」等，都可以成為開場白。

不管跟誰對話，最重要的是表現出你可以接受、尊重對方的意見。只要能維持這個原則，那麼你面對各種不同價值觀的人都能無往不利。若年紀比你小的人說：「我不會想看紅白歌唱大賽。」你也一樣要附和：「是啊，年輕人已經對紅白沒興趣了。」表現出你接受他的想法。請善用「你的話應該……」，表現出自己能接受任何觀念。如此一來，你面對任何人都能開心的聊天。

26：跟上司獨處，這樣聊熟

如果跟不習慣相處的人在一起，如上司…
沒話可聊時，
就從風景尋找話題。
話題①
話題②
話題③
在車上的話，因為風景有變化，因此話題也會很多。
話題
話題
話題
話題
話題
如果坐地鐵該怎麼辦？
話題寶庫
要用什麼才好呢…
你可以觀察車廂裡的廣告。

跟上司聊天，把環境當話題

假如車上只有你跟上司時，你要跟他聊什麼？

如果你不知道該說什麼，我建議你看看車窗外的風景，把窗外的各種事物當作題材，根據對象的個性尋找並主動開啟話題。

通常對方的反應會很平淡，只會隨口回應：「嗯，這樣啊。」這時你要將焦點從車窗轉移到外面的路人，藉此試探上司的反應。

「○○先生在開車時，會不會禮讓女性駕駛者呢？」

如果問到讓對方感興趣的話題時，就能引導對方說出自己的經歷。接著你再以這個經歷作為起點，慢慢的摸索、了解對方的性格。當你們聊完那些事後，若還能繼續閒聊其他的事情，就代表你成功跟上司混熟了。

27：跟客戶聊天時，如何找話題？

用談生意地點的周遭環境、公司本身作為題材
最初的閒聊，你可以用身邊的事當話題，例如：
看起來很有氣氛的咖啡館
CAFE
附近有好吃的店家
定食
對方的公司
建築或設備
好大！
附近的寵物

比起單純的寒暄，聊周遭的話題，更能炒熱氣氛！
啊！在那個轉角…
沒錯，就是這樣！

把焦點放在周邊環境

「附近有一間很好吃的餐廳，平時有很多客人消費。」

「這棟大樓的電梯速度很快，一下子就抵達三十樓。」

負責接待客戶的人通常會像這樣，將焦點放在公司或公司周邊的環境。因為這種方法有助於迅速導入工作話題。如果想知道有關對方的事，你可以簡短的說一些個人的小意見。

「真好，敝公司附近沒有值得一提的店家，頂多只有蕎麥麵店而已。」

「反觀敝公司的電梯門感應器很遲鈍，很容易夾到人，而且很痛。」

你這麼一講，或許對方也會稍微透露自己生活上的小事，又或是個人、家庭、工作時的狀況。在彼此交換過資訊後，雙方的關係也就會更熟識一些。

創辦 50 週年
紀念派對
原來您很喜歡棒球啊！
哇
哇
您很常去現場加油嗎？
每個球季我都會去五次！
你居然知道啊！
內行人很推那間的午餐哦。
下次務必帶我去吃看看！您有推薦的菜單嗎？
上司之前誇我「變得很會聊天」了！
真是太好了！

我擔心的那位新人，現在終於融入我們了。
而且，她在會議上也能開始提出不錯的企劃！
琉美小姐狀況不錯喔！
真羨慕你們…
如果我能像你們一樣，順利跟部下溝通就好了。
但是我不太會說話…
不嫌棄的話…我可以教你聊天的訣竅。
因為對話是為了了解彼此的心情，
是一種讓大家心情愉快的活動！
啊
CAFE

國家圖書館出版品預行編目（CIP）資料

我一定要跟你聊超過 15 分鐘：開場、提問、接話，從搭訕、陌生拜訪、到凝聚感情……幫助百萬人從此擺脫尷尬、緊張與冷場／野口敏著；王榆琮譯 . -- 初版 . -- 臺北市：大是文化，2020.05
224 面；14.8×21 公分 . --（Think；195）
ISBN 978-957-9654-80-7（平裝）

1. 說話藝術 2. 溝通技巧 3. 人際關係

192.32 109003274

Think 195

我一定要跟你聊超過 15 分鐘：

開場、提問、接話，從搭訕、陌生拜訪、到凝聚感情……幫助百萬人從此擺脫尷尬、緊張與冷場

作　　者／野口敏
譯　　者／王榆琮
責任編輯／陳竑悳
校對編輯／林盈廷
美術編輯／張皓婷
副總編輯／顏惠君
總 編 輯／吳依瑋
發 行 人／徐仲秋
會　　計／許鳳雪、陳嬅娟
版權經理／郝麗珍
行銷企劃／徐千晴、周以婷
業務助理／王德渝
業務專員／馬絮盈、留婉茹
業務經理／林裕安
總 經 理／陳絜吾

出 版 者／大是文化有限公司
臺北市衡陽路 7 號 8 樓
編輯部電話：（02）23757911
購書相關資訊請洽：（02）23757911 分機 122
24 小時讀者服務傳真：（02）23756999
讀者服務 E-mail: haom@ms28.hinet.net
郵政劃撥帳號／ 19983366 戶名／大是文化有限公司

香港發行／豐達出版發行有限公司
Rich Publishing & Distribution Ltd
香港柴灣永泰道 70 號柴灣工業城第 2 期 1805 室
Unit 1805, Ph.2, Chai Wan Ind City, 70 Wing Tai Rd, Chai Wan, Hong Kong
Tel：21726513　Fax：21724355
E-mail：cary@subseasy.com.hk
法律顧問／永然聯合法律事務所

封面設計／孫永芳
內頁排版／邱介惠
印　　刷／鴻霖印刷傳媒股份有限公司
出版日期／2020年5月初版
定　　價／新臺幣 340 元
ISBN　978-957-9654-80-7